Matthias Hoes

Die Digitalisierung der Rechtsanwaltskammer
– Ausgewählte Problemfelder aus der Praxis

Schriftenreihe der Bundesrechtsanwaltskammer

BAND 23

C.H.BECK

Die Digitalisierung der Rechtsanwaltskammer – Ausgewählte Problemfelder aus der Praxis

von

Dr. Matthias Hoes, LL.M.

Rechtsanwalt in Hamburg,
Geschäftsführer der Hanseatischen Rechtsanwaltskammer Hamburg

C.H.BECK

Zitiervorschlag: Hoes Digitalisierung Rechtsanwaltskammer Rn. …

beck.de

ISBN 978 3 406 82093 9

Wilhelmstraße 9, 80801 München
Druck und Bindung: Beltz Grafische Betriebe GmbH
Am Fliegerhorst 8, 99947 Bad Langensalza

Satz: Fotosatz Buck, Kumhausen
Umschlag: Martina Busch Grafikdesign, Homburg Saar

myclimate
shape our future

chbeck.de/nachhaltig

Gedruckt auf säurefreiem, alterungsbeständigem Papier
(hergestellt aus chlorfrei gebleichtem Zellstoff)

Vorwort

Der Text dieses Buches wurde von mir im Februar 2023 als Masterarbeit im Rahmen des berufsbegleitenden Masterstudiengangs Informationsrecht (LL.M.) an der Carl von Ossietzky Universität Oldenburg eingereicht. Für die vorliegende Veröffentlichung wurde der Text hinsichtlich Gesetzgebung, Rechtsprechung und Literatur auf den Stand von Dezember 2023 gebracht.

Da die Prüfungsordnung hinsichtlich der Bearbeitungszeit und des Seitenumfangs restriktive Vorgaben machte, kann das Buch nicht den Anspruch erheben, alle auftretenden Fragen bis ins letzte Detail zu klären. Es soll vielmehr eine erste Orientierung zur Einordnung ausgewählter Fragestellungen aus der Praxis geben. In den Fußnoten finden sich Hinweise zur vertiefenden Lektüre.

Für die Betreuung und für die Erstellung des Erstgutachtens danke ich Herrn Prof. Dr. Dirk Roggenkamp und für die Erstellung des Zweitgutachtens Herrn Prof. Dr. Prof. h. c. Jürgen Taeger.

Ferner danke ich der Bundesrechtsanwaltskammer und dem Verlag C.H.BECK für die Aufnahme des Textes in die Schriftenreihe.

Nicht zuletzt gilt mein Dank meiner lieben Frau Elli. Sie hat mich ermutigt und bestärkt, das berufsbegleitende Masterstudium zu absolvieren. Auch in arbeitsintensiven Zeiten hat sie es nie an Verständnis und Unterstützung fehlen lassen. Dies war ein wesentlicher Faktor für den erfolgreichen Abschluss des Studiums und für das Gelingen des vorliegenden Textes.

Hamburg, im Februar 2024 *Dr. Matthias Hoes*

Inhaltsverzeichnis

Literaturverzeichnis

Abraham, Ronny: Das Schriftformerfordernis in der Verwaltungsdigitalisierung – Tradierte Gesetzgebung und -anwendung trifft auf moderne Gesellschaft, MMR 2022, 530–534

Bader, Johann/Ronellenfitsch, Michael: BeckOK VwVfG mit VwVG und VwZG, 61. Edition, München 2023

Banse, Philip/Buermeyer, Ulf: Baustellen der Nation – Was wir jetzt in Deutschland ändern müssen, Berlin 2023

Battis, Ulrich (Hrsg.): Bundesbeamtengesetz Kommentar, 6. Auflage, München 2022

Berlit, Uwe: Elektronische Verwaltungsakten und verwaltungsgerichtliche Kontrolle, NVwZ 2015, 197–200

Biallaß, Isabelle Désirée: Die Digitalisierung der Arbeit auf der Rechtsantragsstelle, RDi 2023, 59–65

Bomhard, David/Siglmüller, Jonas: Europäische KI-Haftungsrichtlinie – Der aktuelle Kommissionsentwurf und seine praktischen Auswirkungen, RDi 2022, 506–513

Botta, Jonas: „Digital First" und „Digital Only" in der öffentlichen Verwaltung – Über die grundrechtlichen Zulässigkeitsgrenzen der digitalen Verwaltungstransformation und ein „Recht auf analogen Zugang", NVwZ 2022, 1247–1253

Botta, Jonas: Die Förderung innovativer KI-System in der EU – Zum Kommissionsvorschlag der KI-Reallabore („AI regulatory sandboxes"), ZfDR 2022, 391–412

Bull, Hans Peter: Der „vollständig automatisiert erlassene" Verwaltungsakt – Zur Begriffsbildung und rechtlichen Einhegung von „E-Government", DVBl. 2017, 409 ff.

Degen, Thomas A./Emmert, Ulrich: Elektronischer Rechtsverkehr, 2. Auflage, München 2021

Denkhaus, Wolfgang/Richter, Eike/Bostelmann, Lars: E-Government-Gesetz/Onlinezugangsgesetz, München 2019

Dürig, Günter/Herzog, Roman/Scholz, Rupert: Grundgesetz, 102. EL, München 2023

Engelhardt, Hanns/App, Michael S./Schlatmann, Arne: Verwaltungsvollstreckungsgesetz/Verwaltungszustellungsgesetz, 12. Auflage, München 2021

Engelmann, Christoph/Brunotte, Nico/Lütkens, Hanna: Regulierung von Legal Tech durch die KI-Verordnung, RDi 2021, 317–323

Epping, Volker/Hillgruber, Christian: BeckOK Grundgesetz, 56. Edition, München 2023

Erbguth, Jörn: Regulierung einer Risikotechnologie, NJW-aktuell 46/2022, 19

Franke, Lennart/Schreiber, Adrian: Rechtssicherheit bei der elektronischen Identifizierung im Online-Gründungsverfahren, RDi 2022, 116–124

Gaier, Reinhard/Wolf, Christian/Göcken, Stephan (Hrsg.): Anwaltliches Berufsrecht – Kommentar, 3. Auflage, Köln 2020

Gärtner, Anette: Künstliche Intelligenz als Erfinder – oder: Stanley K. lässt grüßen, GRUR 2022, 207–211

Geminn, Christian: Die Regulierung Künstlicher Intelligenz – Anmerkungen zum Entwurf eines Artificial Intelligence Act, ZD 2021, 354–359

Goette, Wulf/Habersack, Mathias/Kalss, Susanne (Hrsg.): Münchener Kommentar zum Aktiengesetz, Band 3, 5. Auflage, München 2022

Graf, Jürgen (Hrsg.): BeckOK OWiG, 40. Edition, München 2023

Guggenberger, Leonid: Einsatz künstlicher Intelligenz in der Verwaltung, NVwZ 2019, 844–850

Häuser, Markus/Schmid, Alexander: Rechtliche Herausforderungen der virtuellen Belegschaft, CR 2018, 266–276

Heckmann, Dirk: Grundrecht auf IT-Abwehr? Freiheitsrechte als Abwehrrechte gegen aufgedrängtes E-Government, MMR 2006, 3–7

Heckmann, Dirk/Paschke, Anne (Hrsg.): jurisPK-Internetrecht, 7. Auflage, Saarbrücken 2021

Henssler, Martin (Gesamthrsg.): beck-online GROSSKOMMENTAR zum Aktienrecht, München 2023

Henssler, Martin/Prütting, Hanns (Hrsg.): Bundesrechtsanwaltsordnung: BRAO, 5. Auflage, München 2019

Herz, Benjamin/Hupka, Jan: Das neue Videobeurkundungsverfahren, NJW 2022, 3385–3389

Hoeren, Thomas/Sieber, Ulrich/Holznagel, Bernd (Hrsg.): Handbuch Multimedia-Recht Rechtsfragen des elektronischen Geschäftsverkehrs, 60. Ergänzungslieferung, München 2023

Hoes, Matthias: Der elektronische Rechtsverkehr im Verwaltungsrecht, NVwZ 2022, 285–289

Hötte, Daniel Antonius/Bäumer, Frederik Simon/Biallaß, Isabelle Désirée/Sommerfeld, Michael: Die Unterstützung der Arbeit auf der Rechtsantragstelle durch Chatbots, CR 2021, 770–776

Isele, Walter: Bundesrechtsanwaltsordnung – Kommentar, Essen 1976

Jarass, Hans D./Pieroth, Bodo: Grundgesetz für die Bundesrepublik Deutschland – Kommentar, 17. Auflage, München 2022

Keppeler, Lutz Martin: Warum Anwälte nach der DSGVO nicht (zwingend) Ende-zu-Ende verschlüsselt kommunizieren müssen – Praxisprobleme in der Anwendung von Art. 32 DSGVO, CR 2019, 18–24

Kuntz, Thilo: Künstliche Intelligenz, Wissenszurechnung und Wissensverantwortung, ZfPW 2022, 177–206

Leupold, Andreas/Wiebe, Andreas/Glossner, Silke: IT-Recht – Recht, Wirtschaft und Technik der digitalen Transformation, 4. Auflage, München 2021

Lorse, Jürgen: Entscheidungsfindung durch künstliche Intelligenz – Zukunft der öffentlichen Verwaltung?, NVwZ 2021, 1657–1662

Martini, Mario/Nink, David: Wenn Maschinen entscheiden ... – vollautomatisierte Verwaltungsverfahren und der Persönlichkeitsschutz, NVwZ-Extra 10/2017, 1–14

Musielak, Hans-Joachim/Voit, Wolfgang (Hrsg.): Zivilprozessordnung mit Gerichtverfassungsgesetz, 20. Auflage, München 2023

Ory, Stephan/Weth, Stephan (Gesamthrsg.): juris PraxisKommentar Elektronischer Rechtsverkehr, Band 3 Öffentlich-rechtliche Verfahren, 2. Auflage, Saarbrücken 2022

Paal, Boris P./Pauly, Daniel: Datenschutz-Grundverordnung, Bundesdatenschutzgesetz, 3. Auflage, München 2021

Römermann, Volker (Hrsg.): BeckOK BRAO, 21. Edition, München 2023

Schmaus, Simon: Die virtuelle Durchführung von und die virtuelle Teilnahme an Mitgliederversammlungen in Vereinen, npoR 2022, 131–136

Schmitz, Heribert/Prell, Lorenz: Verfahren über eine einheitliche Stelle – Das Vierte Gesetz zur Änderung verwaltungsrechtlicher Vorschriften, NVwZ 2009, 1–12

Schmitz, Heribert/Prell, Lorenz: Neues zum E-Government – Rechtsstaatliche Standards für E-Verwaltungsakt und E-Bekanntgabe im VwVfG, NVwZ 2016, 1273–1280

Schoch, Friedrich/Schneider, Jens-Peter: Verwaltungsrecht VwVfG, 3. EL, München 2022

Schulz, Sönke E.: Der elektronische Zugang zur Verwaltung – Zum Spannungsverhältnis zwischen dem Grundrecht auf mediale Selbstbestimmung und verpflichtendem E-Government, RDi 2021, 377–383

Schürmann, Kathrin: Datenschutz-Folgenabschätzung beim Einsatz Künstlicher Intelligenz – Bewertung und Minimierung der Risiken, ZD 2022, 316–321

Schöttle, Hendrik: Anwaltliche Kommunikation per E-Mail nur verschlüsselt?, BRAK-Mitteilungen 2018, 118–124

Spindler, Gerald/Schuster, Fabian: Recht der elektronischen Medien – Kommentar, 4. Auflage, München 2019

Staehelin, Alesch: Begriff und Wesen der Künstlichen Intelligenz – Möglichkeiten, Realitäten, Grenzen, GRUR 2022, 1569–1571

Steege, Hans: Technikgestaltung – Der Einfluss des Rechts auf Technik/Zum Arbeitskreis III des 61. Deutschen Verkehrsgerichtstages 2023, NZV 2023, 12–18

Stegmüller, Martin: Vollautomatische Verwaltungsakte – eine kritische Sicht auf die neuen § 24 I 3 und § 35 a VwVfG, NVwZ 2018, 353–358

Stelkens, Paul/Bonk, Heinz Joachim/Sachs, Michael: Verwaltungsverfahrensgesetz: VwVfG, 10. Auflage, München 2023

Thiermann, Arne/Böck, Nicole: Künstliche Intelligenz in Medizinprodukten – Regulatorisches Regelwerk und Haftungsvorgaben, RDi 2022, 333–339

Wagner, Simon/Ernst, Sebastian: Falsche oder verzögert abgegebene Empfangsbekenntnisse im elektronischen Rechtsverkehr – Rechtliche Einordnung und Reaktionsmöglichkeiten in der Praxis, NJW 2021, 1564–1569

Weber, Klaus: Rechtswörterbuch, 31. Edition, München 2023

Werner, Wibke: Schutz durch das Grundgesetz im Zeitalter der Digitalisierung, NJOZ 2019, 1041–1046

Weyland, Dag (Hrsg.): Bundesrechtsanwaltsordnung: BRAO, 11. Auflage, München 2024

Wicke, Hartmut: Zulässigkeit virtueller Versammlungen, DStR 2022, 498–505

Windoffer, Alexander: Öffentlich-rechtliche Regulierung des Einsatzes künstlicher Intelligenz, GewArch 2022, 130–134

Ziekow, Jan: Das Verwaltungsverfahrensrecht in der Digitalisierung der Verwaltung, NVwZ 2018, 1169–1172

§ 1 Digitalisierungsstand der Rechtsanwaltskammern

Das Zeitalter der Digitalisierung ist auch bei den Rechtsanwaltskammern angekommen. Neben der inzwischen selbstverständlichen E-Mail verfügen alle Rechtsanwaltskammern über ein besonderes elektronisches Anwaltspostfach (beA) und sind damit elektronisch mit Ende-zu-Ende-Verschlüsselung für immer mehr Teilnehmergruppen erreichbar. Fast alle Rechtsanwaltskammern haben bereits die digitale Akte eingeführt. Die aktuellen Stammdaten der Mitglieder werden von allen regionalen Rechtsanwaltskammern täglich elektronisch an das von der Bundesrechtsanwaltskammer geführte elektronische Gesamtverzeichnis („Bundesweites Amtliches Anwaltsverzeichnis")[1] übermittelt. Die Ausbildungsverträge der Rechtsanwaltsfachangestellten können bei vielen Rechtsanwaltskammern online übermittelt werden.[2] Die Vorstandswahlen und die Wahlen zur Satzungsversammlung werden in vielen Kammerbezirken schon rein elektronisch durchgeführt. Spätestens seit der Covid-Pandemie sind auch Videokonferenzen in Arbeitsgruppen und Gremien für die Rechtsanwaltskammern selbstverständlich geworden. 1

Gerade die Covid-Pandemie hat aber gezeigt, dass die Digitalisierung 2
bei den Rechtsanwaltskammern noch längst nicht abgeschlossen ist. Häufig sind es rechtliche Grenzen, an die die Rechtsanwaltskammern stoßen, um einzelne Abläufe sinnvoll und praxisgerecht digital abbilden zu können: Vorstandssitzungen, Vereidigungen und Kammerversammlung sind erkennbar als Präsenztermine konzipiert, Urkunden müssen im Original per Post eingereicht werden und es bestehen weiterhin Schriftformerfordernisse.

Die Digitalisierung entspricht gerade dem Zeitgeist, sie ist aber kein 3
Selbstzweck. Vollständig digitalisierte Geschäftsprozesse und Fachverfahren bieten einen Mehrwert in Form von Effizienz- und Effektivitätssteigerungen für Rechtsanwaltskammer und für deren Mitglieder.[3] Dadurch können Reaktionszeiten, Servicequalität und Mitgliederzufriedenheit gesteigert werden. Unbedingt zu vermeiden sind hybride Formen, also Abläufe, die nicht durchgängig digital abgebildet werden können oder alternativ zusätzlich analog vorgehalten werden müssen. Denn Digitalisierung schafft nur dann einen Mehrwert für Mitglieder

---

[1] Vgl. www.rechtsanwaltsregister.org (Stand: 31.12.2023).

[2] So beispielsweise bei der Hanseatischen Rechtsanwaltskammer Hamburg: https://www.rak-hamburg.de/ra-fachangestellte_r/ausbildungsvertragonline/ (Stand: 31.12.2023).

[3] Allgemein in Bezug auf Verwaltungsverfahren: Schulz, RDi 2021, 377 (378).

und Kammern, wenn sie durchgehend und ohne Medienbrüche umgesetzt wird.[4]

4 Nachfolgend sollen die rechtlichen Möglichkeiten, Voraussetzungen und Grenzen für eine weitere Digitalisierung der Rechtsanwaltskammern anhand von ausgewählten Problemfeldern in der Praxis dargestellt werden.

[4] Allgemein Schulz, RDi 2021, 377 (378).

§ 2 Digitaler Zugang zur Rechtsanwaltskammer

Der Zugang zu den Rechtsanwaltskammern ist über E-Mail und beA bereits elektronisch eröffnet. Ein Großteil der Eingänge erreicht die Kammern jedoch weiterhin nicht als elektronisches Dokument, sondern per Briefpost oder per Telefax. Um diese Eingänge in Papierform zur digitalen Akte nehmen zu können, sind sie zu scannen und zu verschlagworten. Die in Papier eingegangenen Dokumente werden aufbewahrt und nach einer gewissen Zeit vernichtet. Mitgeteilte Daten der Absender sind manuell in die Fachanwendung (zB Personenverwaltung) einzugeben. Dies ist umständlich, zeitaufwändig und fehleranfällig. Das Ziel muss daher ein möglichst umfassender digitaler Zugang zur Rechtsanwaltskammer sein. Dabei ist sowohl auf die Digitalisierungspflichten der Rechtsanwaltskammer als auch auf mögliche digitale Nutzungspflichten der Mitglieder und Bürger[5] einzugehen. Abschließend werden ausgewählte Fragen aus der Praxis behandelt. 5

I. Digitalisierungspflichten der Rechtsanwaltskammer

In der Bundesrechtsanwaltsordnung (BRAO)[6] finden sich keine Pflichten der Rechtsanwaltskammer zur Bereitstellung digitaler Zugänge. Es gibt jedoch außerhalb der BRAO einige Regelungen, welche die Rechtsanwaltskammern im Hinblick auf die Bereitstellung digitaler Zugänge verpflichten. 6

1. Elektronische Verfahrensabwicklung auf Verlangen

Gemäß § 32 Abs. 1 S. 2 BRAO können berufsrechtliche Verwaltungsverfahren über eine einheitliche Stelle nach den Vorschriften des Verwaltungsverfahrensgesetzes (§§ 71a ff. VwVfG)[7] abgewickelt werden.[8] 7

[5] Aus Gründen der besseren Lesbarkeit wird im Folgenden auf die gleichzeitige Verwendung weiblicher und männlicher Sprachformen verzichtet und das generische Maskulinum verwendet. Sämtliche Personenbezeichnungen gelten gleichermaßen für alle Geschlechter (m/w/d).

[6] Bundesrechtsanwaltsordnung (BRAO) vom 1.8.1959, BGBl. I 565, zuletzt geänd. durch G v. 10.3.2023, BGBl. I Nr. 64.

[7] Verwaltungsverfahrensgesetz (VwVfG) vom 23.1.2003, BGBl. I 102, zuletzt geänd. durch G v. 25.6.2021, BGBl. I 2154.

[8] Hiervon zu unterscheiden ist die Befugnis der Länder nach § 73a BRAO, den Rechtsanwaltskammern allein oder gemeinsam mit anderen Stellen die Aufgaben einer einheitlichen Stelle im Sinne des Verwaltungsverfahrensgesetzes zu

Im Hinblick auf die Digitalisierungspflichten der Rechtsanwaltskammer ist §71e S.1 VwVfG relevant, wonach das Verfahren über eine einheitliche Stelle auf Verlangen in elektronischer Form abgewickelt wird.[9] Diese Pflicht im Falle des Verlangens stellt spiegelbildlich auf Seiten des Antragstellers einen Anspruch auf die gewählte Art der Durchführung dar.[10] Die Pflicht zur Abwicklung in elektronischer Form gilt auch dann, wenn der Antragsteller sich gleich unmittelbar an die Rechtsanwaltskammer als zuständige Stelle wendet (§71a Abs.2 VwVfG). Damit ist die Pflicht zur Abwicklung in elektronischer Form auf Verlangen faktisch immer zu beachten ist, auch wenn die einheitliche Stelle nicht in Anspruch genommen wird.[11]

8 Der §71e VwVfG verpflichtet die betreffenden Behörden, elektronische Kommunikationsmöglichkeiten anzubieten.[12] Wenn der Antragsteller die elektronische Form gewählt hat, muss die Rechtsanwaltskammer die elektronische Form ihm gegenüber einhalten und insbesondere auch die Zustellung in elektronischer Form vornehmen.[13] Der Antragsteller hat einen Anspruch auf die gewählte Art der Durchführung.[14] Das Wahlrecht des Antragstellers ist nicht formgebunden und kann auch konkludent erfolgen.[15] Ob die Nutzung einer E-Mail gegenüber der Rechtsanwaltskammer bereits als Ausübung des Wahlrechts zu werten ist, hängt vom Einzelfall ab.[16]

9 Der §71e VwVfG schreibt keine bestimmte Form der elektronischen Verfahrensabwicklung vor. Insbesondere geht aus der Norm nicht hervor, dass die Verwaltungsbehörde auf dem gleichen Wege zu antworten hat, wie der Antrag eingegangen ist.[17] Die Behörden sollen in ihren Fachverfahren bei der Erprobung neuer Kommunikations- und Verfahrenswege innovationsfreudig sein und nicht auf eine bestimmte Technik festgelegt werden.[18]

übertragen. Hiervon haben alle Länder Gebrauch gemacht. Zu den einzelnen Landesregelungen vgl. Gaier/Wolf/Göcken/Wolf, BRAO §73a, Rn.4c.

[9] Die Landesverwaltungsverfahrensgesetze haben den §71e VwVfG überwiegend wortgleich übernommen oder verweisen auf ihn, vgl. Schoch/Schneider/Reimer, VwVfG §71e Rn.6.

[10] BeckOK VwVfG/Huck, VwVfG §71e Rn.8.

[11] Schmitz/Prell, NVwZ 2009, 1 (4).

[12] Schmitz/Prell, NVwZ 2009, 1 (6); Stelkens/Bonk/Sachs/Schmitz/Wiegand, VwVfG §71e Rn.2.

[13] Schoch/Schneider/Reimer, VwVfG §71e Rn.18.

[14] BeckOK VwVfG/Huck, VwVfG §71e Rn.8.

[15] Schoch/Schneider/Reimer, VwVfG §71e Rn.18.

[16] Schoch/Schneider/Reimer, VwVfG §71e Rn.18.

[17] Nach Stelkens/Bonk/Sachs/Schmitz/Wiegand, VwVfG §71e Rn.3, kann eine elektronische Übermittlung auch durch ein Telefax erfolgen.

[18] BeckOK VwVfG/Huck, VwVfG §71e Rn.9.

In der Praxis dürfte jedoch entscheidend sein, welche Kommunikationsmittel beim Antragsteller zur Verfügung stehen. Denn elektronische Kommunikation setzt voraus, dass auch der Antragsteller einen Zugang eröffnet hat.[19] Bei den Bürgern wird dies in den meisten Fällen wohl die einfache E-Mail sein. Bei den Mitgliedern der Rechtsanwaltskammer kommt daneben auch das beA in Betracht. 10

2. Zugang für die Übermittlung elektronischer Dokumente

Weil die Rechtsanwaltskammern als Körperschaften des öffentlichen Rechts der Aufsicht des Landes unterliegen und Bundesrecht ausüben, fallen sie nach § 1 Abs. 2 E-Government-Gesetz (EGovG)[20] in dessen Anwendungsbereich. Die Rechtsanwaltskammern sind daher verpflichtet, auch einen Zugang für die Übermittlung elektronischer Dokumente, auch soweit sie mit einer qualifizierten elektronischen Signatur (qeS) versehen sind, zu eröffnen (§ 2 Abs. 1 EGovG). 11

Diese Anforderung ist bereits mit der Bereitstellung eines einfachen E-Mail-Zuganges erfüllt,[21] über den ohnehin jede Rechtsanwaltskammer verfügt. Daneben besitzen alle Rechtsanwaltskammern auch noch ein in das EGVP-System[22] eingebundenes beA, das allein ebenfalls einen ausreichenden Zugang für die Übermittlung elektronischer Dokumente im Sinne von § 2 Abs. 1 EGovG darstellt.[23] 12

Weitergehende Verpflichtungen aus dem EGovG ergeben sich nicht für die Rechtsanwaltskammern, auch nicht hinsichtlich der im Gesetz erwähnten qualifizierten elektronischen Signatur (qeS). Sowohl mit dem einfachen E-Mail-Postfach als auch mit dem beA können in technischer 13

---

[19] Stelkens/Bonk/Sachs/Schmitz/Wiegand, VwVfG § 71e Rn. 3; BeckOK VwVfG/Huck, VwVfG § 71e Rn. 8.

[20] E-Government-Gesetz (EGovG) vom 25.7.2013, BGBl. I 2749, zuletzt geänd. durch G v. 16.7.2021, BGBl. I 2941.

[21] Denkhaus/Richter/Bostelmann/Denkhaus/Richter/Bostelmann EGovG § 2 Rn. 15.

[22] EGVP steht für das elektronische Gerichts- und Verwaltungspostfach. Dabei handelt es sich um eine elektronische Kommunikationsinfrastruktur für die verschlüsselte Übertragung von Dokumenten und Akten zwischen authentifizierten Teilnehmern. Bereits seit dem Jahr 2004 können elektronische Dokumente sicher und verschlüsselt über das EGVP an alle teilnehmenden Gerichte übermittelt werden. Seit 2008 wurde das EGVP seitens der Anwaltschaft mit Hilfe eines EGVP-Clients für das automatisierte gerichtliche Mahnverfahren genutzt. Seit 2016 ist das besondere elektronische Anwaltspostfach (beA), seit 2018 das besondere elektronische Notarpostfach (beN) sowie das besondere elektronische Behördenpostfach (beBPo), seit 2022 das besondere elektronische Bürger- und Organisationspostfach (eBO) und seit 2023 das besondere elektronische Steuerberaterpostfach (beSt) angeschlossen.

[23] Allgemein bezogen u. a. auf das EGVP: Denkhaus/Richter/Bostelmann/Denkhaus/Richter/Bostelmann EGovG § 2 Rn. 17.

Hinsicht elektronische Dokumente, die mit einer qeS versehen sind, empfangen, gesichtet und gespeichert werden.[24]

14 Soweit die Rechtsanwaltskammern Landesrecht ausführen,[25] sind daneben auch die E-Government-Gesetze der Länder zu berücksichtigen.[26] So verfügen die Länder Baden-Württemberg, Bayern, Berlin, Brandenburg, Bremen, Hessen, Mecklenburg-Vorpommern, Nordrhein-Westfalen, Sachsen, Sachsen-Anhalt, Schleswig-Holstein, Thüringen und das Saarland über eigene E-Government-Gesetze, die im Wesentlichen aber dem Inhalt der Bundesregelung entsprechen.[27] Hervorzuheben ist Bayern, die in Art. 12 des Bayerischen Digitalgesetzes (BayDiG)[28] ein Recht festgeschrieben haben, digital über das Internet mit den Behörden zu kommunizieren und ihre Dienste in Anspruch zu nehmen.

3. Elektronisches Angebot der Verwaltungsleistungen

15 Das Onlinezugangsgesetz (OZG)[29] verpflichtet Bund und Länder, ihre Verwaltungsleistungen auch elektronisch über Verwaltungsportale anzubieten (§ 1 Abs. 1 OZG). Dabei müssen Bund und Länder ihre Verwaltungsportale zu einem Portalverbund miteinander verknüpfen (§ 1 Abs. 2 OZG). Dieser Portalverbund soll sicherstellen, dass Nutzer über alle Verwaltungsportale von Bund und Ländern einen barriere- und medienbruchfreien Zugang zu elektronischen Verwaltungsleistungen dieser Verwaltungsträger erhalten (§ 3 Abs. 1 OZG). Außerdem müssen Bund und Länder im Portalverbund Nutzerkonten bereitstellen, über die sich Nutzer für die verfügbaren elektronischen Verwaltungsleistungen einheitlich identifizieren und authentifizieren können (§ 3 Abs. 2 S. 2 OZG).[30] Der elektronische Gang zur Behörde soll unkompliziert und sicher sein.[31]

16 Für die Rechtsanwaltskammern ist bereits unklar, ob sie in den Anwendungsbereich des Gesetzes fallen und gegebenenfalls für wel-

---

[24] BT-Drs. 17/11473, 33; Denkhaus/Richter/Bostelmann/Denkhaus/Richter/Bostelmann EGovG § 2 Rn. 15.

[25] Dies ist beispielsweise bei den Landesdatenschutzgesetzen oder bei den Informationsfreiheitsgesetzen der Länder der Fall.

[26] Zum Anwendungsbereich der E-Government-Gesetze von Bund und Ländern Denkhaus/Richter/Bostelmann/Denkhaus/Richter/Bostelmann, EGovG § 1 Rn. 15 ff.

[27] Siehe Übersicht bei Denkhaus/Richter/Bostelmann/Denkhaus/Richter/Bostelmann, EGovG § 2 Rn. 183 ff.

[28] Bayerisches Digitalgesetz (BayDiG) vom 22.7.2022, GVBl. S. 374.

[29] Gesetz zur Verbesserung des Onlinezugangs zu Verwaltungsleistungen (Onlinezugangsgesetz – OZG) vom 14.8.2017, BGBl. I 3138, zul. geänd. durch G v. 28.6.2021, BGBl. I 2250.

[30] Ein solches Nutzerkonto lässt sich unter https://id.bund.de bereits anlegen (Stand: 31.12.2023).

[31] Ory/Weth/Kesper, jurisPK-ERV Band 3, 2. Aufl., Einleitung, Rn. 9.

che „Verwaltungsleistungen". Nach der Gesetzesbegründung sollen alle Verwaltungsleistungen aller Behörden des Bundes und der Länder (einschließlich Kommunen) erfasst werden, es sei denn, die Verwaltungsleistung ist aus rechtlichen oder tatsächlichen Gründen dafür nicht geeignet.[32] Dieser weite Normzweck spricht erst einmal dafür, dass auch die Rechtsanwaltskammern in den Anwendungsbereich fallen, wenngleich es im Hinblick auf den verfassungsrechtlichen Vorbehalt des Gesetzes bedenklich ist, dass diese im Gesetz nicht erwähnt werden.[33] Weiterhin bliebe aber dann unklar, welche Verwaltungsleistungen von den Rechtsanwaltskammern anzubieten sind. Zumindest die berufsrechtlichen Aufsichtsverfahren dürften keine „Verwaltungsleistungen" im Sinne des OZG sein, denn diese dienen nicht der Wahrung individueller Belange, sondern werden ausschließlich im öffentlichen Interesse durchgeführt.[34] Aufsichtsverfahren sind also keine Leistungen gegenüber dem einzelnen Bürger. Auch bei der Geldwäscheaufsicht nach den §§ 50 Nr. 3, 51 GwG[35] dürfte es sich dem Wortlaut nach um keine Verwaltungsleistung im Sinne des OZG handeln.

Schließlich ist auch unklar, wo und in welcher Weise die Rechtsan- 17
waltskammer ihre Verwaltungsleistungen anbieten müssten, denn sie selbst müssen nach dem eindeutigen Wortlaut des Gesetzes kein Verwaltungsportal aufbauen. Das Gesetz sagt aber auch nichts darüber, wie sie an die Verwaltungsportale von Bund und Ländern angebunden werden können. Insbesondere ist unklar, ob eine Verlinkung auf dem Verwaltungsportal zu einem ausfüllbaren PDF-Formular auf der Internetseite der Rechtsanwaltskammer ausreicht.

Das OZG sollte eigentlich bis Ende 2022 umgesetzt worden sein, 18
was aber deutlich verfehlt wurde.[36] Derzeit gibt es einen Gesetzentwurf zur Änderung des OZG.[37] Dieses Änderungsgesetz streicht nicht nur die – bereits abgelaufene – allgemeine Umsetzungsfrist, sondern will

---

[32] BT-Drs. 18/11135, 91.

[33] Denkhaus/Richter/Bostelmann/Denkhaus/Richter/Bostelmann OZG § 1 Rn. 12.

[34] OVG Lüneburg 08.09.2015 – 8 ME 149/15, BeckRS 2015, 51913.

[35] Geldwäschegesetz (GwG) vom 23.6.2017, BGBl. I 1822, zul. geänd. durch G v. 22.12.2023 (BGBl. 2023 I Nr. 411).

[36] Der Nationale Normenkontrollrat weist in seinem Positionspapier vom 9.2.2023 darauf hin, dass es in den fünf Jahren der Umsetzung des OZG nicht ansatzweise gelungen sei, das im Onlinezugangsgesetz genannte Ziel einer deutschlandweit flächendeckenden Digitalisierung aller wesentlichen Verwaltungsleistungen zu erreichen – URL: https://www.normenkontrollrat.bund.de/Webs/NKR/SharedDocs/Downloads/DE/Positionspapiere/ozg-positionspapier.pdf?__blob=publicationFile&v=14 (Stand: 31.12.2023).

[37] Vgl. Entwurf eines Gesetzes zur Änderung des Onlinezugangsgesetzes sowie weiterer Vorschriften zur Digitalisierung der Verwaltung (OZG-Änderungsgesetz – OZG-ÄndG) vom 23.8.2023, BT-Drs. 20/8093.

auch den Anwendungsbereich konkretisieren. Danach soll das OZG ausdrücklich auch für die sonstigen der Aufsicht des Landes unterstehenden juristischen Personen des öffentlichen Rechts gelten (§1 Abs.1 Nr.2 OZG-E). Somit bestünden keine Zweifel mehr, dass auch die Rechtsanwaltskammern das OZG umzusetzen hätten, wie in der Begründung zum Gesetzentwurf auch ausgeführt wird.[38] Dies allerdings mit einer Einschränkung: Für die Tätigkeit der Behörden der Justizverwaltungen einschließlich der ihrer Aufsicht unterliegenden Körperschaften des öffentlichen Rechts soll das OZG künftig nur gelten, soweit die Tätigkeit der Nachprüfung durch die Gerichte der Verwaltungsgerichtsbarkeit oder der Nachprüfung durch die in verwaltungsrechtlichen Anwaltssachen zuständigen Gerichte unterliegt (§1 Abs.2 OZG-E). Damit würden zumindest die berufsrechtlichen Aufsichtsverfahren der Rechtsanwaltskammern aus dem Anwendungsbereich herausfallen, da die Entscheidungen der Kammern keiner *verwaltungsrechtlichen* Nachprüfung unterliegen. Die Rechtsanwaltskammern müssten folglich über das OZG zB keine Formulare für die Bürgerinnen und Bürger zur Einreichung von berufsrechtlichen Beschwerden zur Verfügung stellen. Die OZG-Verwaltungsleistungen der Rechtsanwaltskammern würden sich dann im Wesentlichen auf die Antragsverfahren beschränken (zB Zulassungsanträge). Auch die Geldwäscheaufsicht wäre demnach eine OZG-Verwaltungsleistung, soweit die daraus ergangenen Maßnahmen durch die Verwaltungsgerichtsbarkeit nachprüfbar sind.

19 Bei den Nutzerkonten soll fortan zwischen Bürger- und Organisationskonten unterschieden werden (§2 Abs.5 OZG-E). Für öffentliche Stellen, die Verwaltungsleistungen im Portalverbund anbieten (und damit auch für Rechtsanwaltskammern), ist die Verwendung des Organisationskontos verpflichtend (§3 Abs.3 OZG-E). Hier bleibt zu hoffen, dass das bereits vorhandene beA-Organisationspostfach der Kammern als „Organisationskonto" angesehen wird. Dafür spricht, dass die Organisationskonten – ebenso wie das beA – im EGVP-System eingebunden werden sollen.[39]

20 Die weitere technische Umsetzung bleibt für die Rechtsanwaltskammern aber auch nach diesem Entwurf unklar. Angesichts der technischen Vorgaben im Entwurf erscheint es aber eher unwahrscheinlich, dass eine

---

[38] Danach soll die gesamte mittelbare Staatsverwaltung – erwähnt werden beispielhaft Ärztekammern – in den Anwendungsbereich des OZG fallen, vgl. BT-Drs. 20/8093, 34.

[39] Auf diese sehr naheliegende Lösung deutet der Entwurf eines Whitepapers „Zentrales Postfach im Kontext der Nutzerkonten" des IT-Planungsrates hin – URL: https://www.it-planungsrat.de/fileadmin/beschluesse/2022/Beschluss2022-04_Zentrales_Buergerpostfach_Whitepaper.pdf (Stand: 31.12.2023).

Verlinkung auf ein ausfüllbares PDF-Dokument ausreicht.[40] Immerhin sollen in dem Entwurf die Länder verpflichtet sein, die technischen und organisatorischen Voraussetzungen für die Anbindung auch der sonstigen der Aufsicht des Landes unterstehenden juristischen Personen des öffentlichen Rechts an den Portalverbund sicherzustellen (§ 1a Abs. 2 Satz 2 OZG-E).

Der Entwurf des OZG-Änderungsgesetzes ist stark in die Kritik geraten. Es fehle weiterhin an einem verbindlichen, detaillierten Umsetzungsauftrag mit einer vom Bund vorgegebenen IT-Architektur.[41] Stattdessen sei nur eine „Digitalisierungsfassade“ geschaffen worden, hinter der kein einheitliches Konzept von Bund und Länder erkennbar ist.[42] Wichtig für eine erfolgreiche Umsetzung wäre es, wenn nicht nur das „Front-End“ für den Bürger, sondern auch das „Back-Office“ für die Verwaltung digitalisiert werden würde und die Daten der Antragsteller vom OZG-Verwaltungsportal strukturiert und automatisiert an die Fachverfahren (zB der Rechtsanwaltskammern) übergeben werden.[43] Erst die Übernahme strukturierter Daten würde das Potenzial der Digitalisierung voll ausschöpfen. Dies würde aber auch bedeuten, dass die Verwaltungsportale und die Fachverfahren entsprechende Schnittstellen besitzen. Jedenfalls bedeutet Digitalisierung nicht, dass die Rechtsanwaltskammern die Daten in Form eines PDF erhalten und händisch eingeben müssen. 21

Die Attraktivität des OZG-Verwaltungsportals dürfte sich zudem deutlich erhöhen, wenn es nicht nur als Webanwendung, sondern auch als intuitiv bedienbare App auf dem Smartphone zur Verfügung stünde. Es wäre ein echter Mehrwert für Mitglieder und Bürger, wenn sie mit dem ohnehin niedrigschwellig verfügbaren Smartphone auch ihre Angelegenheiten mit der Verwaltung schnell und bequem erledigen könnten. Hierfür bräuchte es auch leicht handhabbare digitale Signaturen und 22

---

[40] So sollen nach § 8a Abs. 2 OZG-E die für die Inanspruchnahme einer elektronischen Verwaltungsleistung erforderlichen Daten zwischengespeichert werden können, um dem Nutzer die Möglichkeit zu bieten, den Antrag zu einem späteren Zeitpunkt zu vervollständigen, zu korrigieren oder zu löschen. Diese Anforderungen würde eine einfache Verlinkung zu einem ausfüllbaren PDF-Dokument wohl nicht erfüllen.

[41] So der Nationale Normenkontrollrat in seinem Positionspapier vom 9.2.2023, S. 2f. und 8f. – URL: https://www.normenkontrollrat.bund.de/Webs/NKR/SharedDocs/Downloads/DE/Positionspapiere/ozg-positionspapier.pdf?__blob=publicationFile&v=14 (Stand: 31.12.2023).

[42] So Banse/Buermeyer, Baustellen der Nation, S. 103.

[43] So allgemein auch der Nationale Normenkontrollrat in seinem Positionspapier vom 9.2.2023, S. 2f. – URL: https://www.normenkontrollrat.bund.de/Webs/NKR/SharedDocs/Downloads/DE/Positionspapiere/ozg-positionspapier.pdf?__blob=publicationFile&v=14 (Stand: 31.12.2023).

Online-Bezahlfunktionen.[44] Ansätze dafür sind im Änderungsgesetz immerhin teilweise vorhanden.[45]

II. Nutzungspflicht der Mitglieder und Bürger

23 Die Vorteile der Digitalisierung werden nur dann voll ausgeschöpft, wenn der Digitalisierungspflicht der Rechtsanwaltskammern eine Nutzungspflicht der elektronischen Zugänge für die Mitglieder und Bürger folgt („Digital Only").[46] Nur dann können Medienbrüche und aufwändige hybride Arbeitsprozesse vermieden werden.

1. Ausgangslage

24 Eine Verpflichtung zur Nutzung der digitalen Zugänge der Verwaltung besteht für die Bürgerinnen und Bürger nicht. Der § 3a Abs. 1 VwVfG besagt, dass die Übermittlung elektronischer Dokumente nur dann zulässig ist, soweit der Empfänger hierfür einen Zugang eröffnet hat. Es gibt also eine Entscheidungsfreiheit für alle Beteiligten und damit auch für die Antragsteller, ob sie elektronisch mit der Rechtsanwaltskammer kommunizieren möchten.[47]

25 Auch aus dem EGovG und dem OZG ergibt sich nichts anderes. Beide Gesetze gehen ersichtlich davon aus, dass die von den Behörden bereitzustellenden elektronischen Zugänge lediglich zu den analogen Verfahren alternativ hinzutreten, sie diese aber nicht ersetzen sollen.[48] Noch deutlicher wird dies in einigen Landesgesetzen, die sogar ein Recht auf nichtdigitale Kommunikation verankert haben.[49]

---

[44] Banse/Buermeyer, Baustellen der Nation, S. 86 ff.

[45] So ist beabsichtigt, dass der Bürger mit Hilfe des OZG-Nutzerkontos bei Erklärungen mittels Online-Formular die Schriftform ersetzen können soll (§ 9a Abs. 5 OZG-E).

[46] Den Begriff „Digital Only" verwendet Botta, NVwZ 2022, 1247 (1247).

[47] Allgemein bezogen auf Bürger: Hoes, NVwZ 2022, 285 (288).

[48] Vgl. Wortlaut in § 2 Abs. 1 EGovG, wonach Bund und Länder auch einen Zugang für die Übermittlung elektronischer Dokumente zu schaffen haben. Ebenso in § 1 Abs. 1 OZG, wonach die Verwaltungsleistungen auch elektronisch über Verwaltungsportale anzubieten sind. Allerdings sollen nach dem Entwurf des OZG-Änderungsgesetzes bestimmte Verwaltungsleistungen für juristische Personen auf dem Gebiet des Wirtschaftsrechts spätestens nach 5 Jahren ausschließlich elektronisch angeboten werden (vgl. § 1a Abs. 1 Satz 2 OZG-E).

[49] Vgl. § 4 Abs. 7 E-Government-Gesetz Berlin (EGovG Bln) vom 30.5.2016 GVBl. S. 282, idF vom 27.9.2021, GVBl. S. 1122, wonach u. a. die nichtelektronische Kommunikation nicht unter Hinweis auf die elektronischen Zugangsmöglichkeiten abgelehnt werden können. Ebenso – allerdings mit Ausnahmen – § 3 Abs. 6 E-Government-Gesetz Nordrhein-Westfalen (EGovG NRW) vom 8.7.2016, GV NRW, S. 551, zul. geänd. durch G v. 1.2.2022, GV NRW, S. 122.

Angesichts der voranschreitenden Digitalisierung aller Lebensbereiche ist das Fehlen einer digitalen Nutzungspflicht zu hinterfragen. Dies gilt insbesondere gegenüber den Rechtsanwaltskammern, deren Mitglieder kraft ihrer Zulassung mit dem beA einen elektronischen Zugang besitzen (§ 31a Abs. 1 und § 31b Abs. 1 BRAO), welchen sie mindestens passiv nutzen müssen (§ 31a Abs. 6 BRAO). Aber auch bei Zulassungsbewerbern, die noch über kein beA verfügen (hierfür aber schon die Infrastruktur und damit auch Internet haben dürften), und bei Bürgerinnen und Bürgern erscheint eine nichtdigitale Kommunikation angesichts der Verbreitung des Internets[50] zunehmend nicht mehr zeitgemäß. Nicht zufällig hat Bayern nunmehr in Art. 20 BayDiG die digitalen Verfahren zumindest als Regelfall („Digital First")[51] festgeschrieben.[52] **26**

Um eine Verpflichtung zur Nutzung digitaler Zugänge („Digital Only") zu erreichen, könnte man auf die Idee kommen, dass die Rechtsanwaltskammer bereits aufgrund ihres Verfahrensermessens (§ 32 Abs. 1 Satz 1 BRAO iVm § 10 VwVfG) eine Verpflichtung zur digitalen Nutzung in einzelnen Verfahren schlicht anordnen könnte. Allerdings haben die berufsrechtlichen Verfahren zum Teil erhebliche Auswirkungen mit Grundrechtsrelevanz auf die Betroffenen. Nach dem Grundsatz der Wesentlichkeit[53] ist eine digitale Nutzungspflicht daher in einem Parlamentsgesetz zu regeln.[54] Bundes- oder Landesgesetzgeber müssten also eine entsprechende gesetzliche Grundlage für eine digitale Nutzungspflicht treffen, sofern dies verfassungsrechtlich zulässig wäre. **27**

---

[50] So verfügten 91,4 % der deutschen Haushalte im Jahr 2022 über einen Internetzugang; im Jahr 2020 waren es sogar 95,8 %, vgl. Statista, Anteil der Haushalte in Deutschland mit Internetzugang von 2002 bis 2022 – URL: https://de.statista.com/statistik/daten/studie/153257/umfrage/haushalte-mit-internetzugang-in-deutschland-seit-2002/ (Stand: 31.12.2023).

[51] Den Begriff „Digital First" verwendet Botta, NVwZ 2022, 1247 (1247).

[52] In Art. 12 Abs. 1 Satz 3 BayDiG ist allerdings noch geregelt, dass die Möglichkeit, Verwaltungsverfahren auch nichtdigital zu erledigen, unberührt bleibt. Botta, NVwZ 2022, 1247, 1251, leitet hieraus (weiterhin) ein Recht auf nichtdigitale Verfahrensdurchführung ab, was zumindest vom Wortlaut der Norm ausgehend zweifelhaft ist. Auch der Gesetzesbegründung zum BayDiG ist ein solches Recht auf nichtdigitale Verfahrensdurchführung nicht zu entnehmen; vgl. Bayerischer Landtag Drs. 18/19572 vom 9.12.2021, insb. S. 54 mit Verweis auf S. 51.

[53] Hierzu etwa Dürig/Herzog/Scholz/Grzeszick, GG Art. 20 Rn. 105 f.

[54] So im Ergebnis bezogen auf allgemeine Sachverhalte auch Stelkens/Bonk/Sachs/Schmitz/Prell, VwVfG § 3a Rn. 10; Schoch/Schneider/Hornung, Verwaltungsrecht, VwVfG Vorbem § 3a Rn. 3.

2. Verfassungsrechtliche Zulässigkeit

a) Gleichheitsgrundsatz

28 Ein aus der Verfassung abzuleitendes generelles Recht auf „IT-Abwehr“[55] existiert nicht und wird in Zeiten der fortschreitenden technologischen Entwicklung nur noch vereinzelt diskutiert.[56] Allgemein wird die Auffassung vertreten, dass eine generelle Pflicht zur Nutzung elektronischer Zugänge am allgemeinen Gleichheitsgrundsatz des Art. 3 Abs. 1 GG[57] zu messen ist.[58] Dies mag auf den ersten Blick überraschen, denn durch die generelle Pflicht zur digitalen Nutzung würden alle Menschen objektiv gleich behandelt werden. Allerdings verbietet der Gleichheitsgrundsatz auch, ungleiche Sachverhalte gleich zu behandeln.[59] Hierbei ist an die Bürgerinnen und Bürger zu denken, die entweder keinen Internetzugang haben oder aufgrund fehlender Nutzungskompetenz nicht in der Lage sind, mit der Rechtsanwaltskammer digital zu kommunizieren. Auch bei diesen Personengruppen ist zu gewährleisten, dass ihnen der Zugang zur Rechtsanwaltskammer möglich ist, beispielsweise um als Mandant ein Vermittlungsverfahren mit dem eigenen Rechtsanwalt zu beantragen (§ 73 Abs. 2 Nr. 3 BRAO) oder um eine Eingabe für ein berufsrechtliches Aufsichtsverfahren (§ 73 Abs. 2 Nr. 4 BRAO) einzureichen. Bei einer digitalen Nutzungspflicht wären diese Personen von einem Zugang zur Rechtsanwaltskammer ausgeschlossen. Deshalb stellt der Gleichheitssatz auch ein Teilhaberecht dar, das auch den diskriminierungsfreien Zugang zu (öffentlichen) Einrichtungen gewährleisten soll.[60] Die Verwaltung darf nicht ohne Weiteres einen Teil der Bürger von ihren Leistungen ausschließen.[61] Gleichwohl bedeutet das Recht auf Teilhabe – hier in Form eines diskriminierungsfreien Zugangs zur Rechtsanwaltskammer – nicht zwingend, dass keine digitale Nutzungspflicht möglich ist. Denn das Teilhaberecht steht unter dem Vorbehalt des Möglichen.[62] Je stärker die Vorteile der digitalen Nutzungspflicht und die Nachteile eines hybriden Angebotes für die Verwaltung sind, desto geringer wiegt das Teilhabe-

---

[55] Hierzu etwa Heckmann, MMR 2006, 3 (3 ff.).

[56] Heckmann/Paschke/Heckmann, jurisPK-Internetrecht, Kap. 5, Rn. 203 ff.

[57] Grundgesetz für die Bundesrepublik Deutschland (GG) vom 23.5.1949, BGBl. I 1, zul. geänd. durch G v. 19.12.2022, BGBl. I 2478.

[58] Botta, NVwZ 2022, 1247 (1251); Schoch/Schneider/Hornung, Verwaltungsrecht, VwVfG Vorbem § 3a Rn. 20; Heckmann/Paschke/Heckmann, jurisPK-Internetrecht, Kap. 5, Rn. 204.

[59] Dürig/Herzog/Scholz/P. Kirchhof, GG Art. 3 Abs. 1 Rn. 296; BeckOK GG/Kischel, GG Art. 3 Rn. 14 ff.

[60] Dürig/Herzog/Scholz/P. Kirchhof, GG Art. 3 Abs. 1 Rn. 293; Jarass/Pieroth/Jarass, GG Art. 3 Rn. 167.

[61] Dürig/Herzog/Scholz/P. Kirchhof, GG Art. 3 Abs. 1 Rn. 293.

[62] Dürig/Herzog/Scholz/P. Kirchhof, GG Art. 3 Abs. 1 Rn. 293; Jarass/Pieroth/Jarass, GG Art. 3 Rn. 167.

recht. Hinzu kommt, dass die ungleichen Sachverhalte auch beseitigt oder entschärft werden könnten, damit nicht digitalaffinen Menschen in Zeiten der Digitalisierung der Zugang ermöglicht wird. Möglich wäre dies durch einen allgemein zugänglichen Rechner (Service-Terminal) auf der Geschäftsstelle der Rechtsanwaltskammer, der von den Bürgern unter fachkundiger Hilfestellung bedient wird.[63] Denkbar wäre auch, dass die Bürger ihre Anliegen – ähnlich wie „zur Niederschrift" im Sinne von § 70 Abs. 1 S. 1 VwGO[64] – „zur elektronischen Niederschrift" auf der Geschäftsstelle vortragen. Unter diesen Voraussetzungen wäre auch eine gesetzlich vorgeschriebene digitale Nutzungspflicht denkbar, ohne gegen den allgemeinen Gleichheitsgrundsatz zu verstoßen.

b) Berufsfreiheit

Neben dem allgemeinen Gleichheitsgrundsatz könnte durch einen ver- 29
pflichtend digitalen Zugang auch die Berufsfreiheit (Art. 12 GG) in Bezug auf bereits zugelassene Rechtsanwälte betroffen sein, welche Anträge (zB auf Kammerwechsel, Kanzleipflichtbefreiung oder auf Verleihung eines Fachanwaltstitels) stellen möchten. Eine gesetzliche Regelung stellt daher auch eine Berufsausübungsregelung dar und müsste an Art. 12 GG gemessen werden. Die Regelung wäre dann mit der Berufsfreiheit vereinbar, soweit vernünftige Erwägungen des Gemeinwohls sie als zweckmäßig erscheinen lassen und das Grundrecht nicht unverhältnismäßig eingeschränkt wird.[65] Die Zweckmäßigkeit einer solchen Regelung ergibt sich aus den Effizienzgewinnen einer rein digitalen Verwaltung. Eine unverhältnismäßige Einschränkung der Berufsausübung wäre schon deshalb nicht ersichtlich, weil die Rechtsanwälte kraft ihrer Zulassung mit dem beA bereits über ein digitales Kommunikationsmittel verfügen (§ 31a Abs. 1 BRAO), das sie passiv nutzen müssen (§ 31a Abs. 6 BRAO). Zudem gibt es für Rechtsanwältinnen und Rechtsanwälte in den gerichtlichen Verfahren einen elektronischen Nutzungszwang.[66] Vor diesem Hintergrund kann ein elektronischer Nutzungszwang auch

[63] Allgemein bezogen auf öffentliche Stellen: Botta, NVwZ 2022, 1247, 1251; Heckmann/Paschke/Heckmann, jurisPK-Internetrecht, Kap. 5, Rn. 205.

[64] Verwaltungsgerichtsordnung (VwGO) vom 21.1.1960, BGBl. I 17, zul. geänd. durch G v. 22.12.2023, BGBl. I Nr. 409.

[65] Bezogen auf die Einführung des beA: BVerfG 20.12.2017 – 1 BvR 2233/17, NJW 2018, 288.

[66] Seit dem 1.1.2022 können Rechtsanwälte bei den Gerichten bundesweit vorbereitende Schriftsätze und deren Anlagen sowie schriftlich einzureichende Anträge und Erklärungen nur noch als elektronisches Dokument einreichen (vgl. etwa § 130d Satz 1 ZPO sowie die einschlägigen Parallelregelungen in den Verfahrensordnungen).

gegenüber der Rechtsanwaltskammer keinen unverhältnismäßigen Eingriff darstellen.[67]

30 Bei Zulassungsbewerbern würde durch eine gesetzliche Regelung der verpflichtend digitalen Nutzung kein Eingriff in die Berufsfreiheit vorliegen, da es an einer objektiv berufsregelnden Tendenz einer solchen Regelung fehlt.[68] Eine gesetzliche Regelung würde den digitalen Zugang zur Rechtsanwaltskammer, nicht aber den Zugang zum Rechtsanwaltsberuf regeln. Zwar können auch mittelbare oder tatsächliche Auswirkungen die Berufsfreiheit beeinträchtigen, wenn sie nach Zielsetzung und Wirkung einem Eingriff entsprechen.[69] Aber es kann davon ausgegangen werden, dass Zulassungsbewerber sich bereits im Zulassungsverfahren eine digitale Infrastruktur angeschafft haben, um das ab der Zulassung sofort empfangsbereite beA erstregistrieren und nutzen zu können. Somit stellt eine gesetzliche vorgeschriebene digitale Nutzungspflicht gegenüber den Rechtsanwaltskammern keinen Verstoß gegen Art. 12 GG dar.

III. Fragestellungen aus der Praxis

1. Posteingänge und Schriftform

31 Bei einer digitalen Nutzungspflicht bereiten Schriftformerfordernisse bei den Posteingängen für die Mitglieder und für die Bürgerinnen und Bürger keine Probleme. Für die Bürger gibt es in Bezug auf die Rechtsanwaltskammer keinerlei gesetzlich vorgeschriebenen Formerfordernisse. Dies gilt sowohl für Mandanten, die sich an die Rechtsanwaltskammer wenden möchten, als auch für Zulassungsbewerber.

32 Bei den bereits zugelassenen Rechtsanwälten unterliegt der Zulassungsverzicht (§ 14 Abs. 2 Nr. 4 BRAO) zwar einem Schriftformerfordernis. Bei Berufsausübungsgesellschaften gilt für den Verzicht der § 59h Abs. 3 S. 1 Ziff. 3 BRAO. Es gibt noch weitere Fälle, in denen Erklärungen seitens der Mitglieder einer Schriftform unterliegen, so beispielsweise bei der Niederlegung eines Vorstandsamtes (§ 69 Abs. 2 S. 1 BRAO).[70] Die Schriftform kann jedoch aufgrund des neu eingefügten § 37 BRAO

---

[67] Auch in anderen Bereichen gibt es Regeln zur Berufsausübung mit verpflichtender digitaler Nutzung, so zB bei Umsatzsteuervoranmeldungen oder bei Lohnsteueranmeldungen durch den Arbeitgeber, vgl. Schoch/Schneider/Hornung, Verwaltungsrecht, VwVfG § 3 a Rn. 28.

[68] Zum Erfordernis einer objektiv berufsregelnden Tendenz: Jarass/Pieroth/Jarass, GG Art. 12 Rn. 20 ff.

[69] Jarass/Pieroth/Jarass, GG Art. 12 Rn. 23.

[70] Siehe die Anwendungsbeispiele im Entwurf eines Gesetzes zur Modernisierung des notariellen Berufsrechts und zur Änderung weiterer Vorschriften, BT-Drs. 19/26828, 198.

durch eine Erklärung über das besondere elektronische Anwaltspostfach ersetzt werden, wenn Erklärender und Empfänger über ein solches verfügen.[71] Da auch die Rechtsanwaltskammern über ein beA verfügen, kann das beA insoweit zur Schriftformersetzung genutzt werden. Ist die Erklärung von einer natürlichen Person abzugeben, so ist das Dokument mit einer qualifizierten elektronischen Signatur der Person zu versehen oder von ihr zu signieren und selbst zu versenden (§ 37 S. 2 BRAO).

2. Vorlage von Urkunden

Vor allem im Zulassungsverfahren spielen Urkunden in Papier derzeit 33
noch eine große Rolle. Sowohl die Urkunde der Großen Juristischen Staatsprüfung als auch die Promotionsurkunde oder andere Nachweise über das berechtigte Führen akademischer Titel müssen von der Rechtsanwaltskammer auf ihre Authentizität überprüft werden. Gesetzliche Regelungen hinsichtlich der einzureichenden Form für diese Dokumente gibt es nicht. In der Praxis erfolgt die Prüfung der Authentizität durch Einreichung dieser Urkunden im Original oder als beglaubigte Abschrift. Einfache digitale Dokumente können wegen der leichten Fälschbarkeit nicht akzeptiert werden, immerhin ebnen sie im Beispiel des Nachweises der Großen Juristischen Staatsprüfung den Weg zur Zulassung zur Anwaltschaft. Solange die ausstellenden Stellen Ihre Urkunde weiterhin nur in Papier ausfertigen, wird sich daran auch nichts ändern können.

Für eine medienbruchfreie digitale Verarbeitung ist es wünschens- 34
wert, dass anstelle von Papier die Urkunden als PDF-Datei unter Einsatz einer Infrastruktur von digitalen Signaturen und Zertifikaten ausgestellt werden.[72] Hier bieten sich qualifizierte elektronische Siegel an (Art. 3 Nr. 27 eIDAS-VO).[73] Denkbar ist auch der Einsatz eines Systems mit Verifikationslinks auf dem elektronischen Zeugnis, mit dessen Hilfe man sich nach Eingabe von Zeugnis-ID und eines Passwortes (beides steht auf dem Zeugnis als PDF-Datei) das Zeugnis verifizieren kann.[74]

---

[71] Eingefügt durch das Gesetz zur Modernisierung des notariellen Berufsrechts und zur Änderung weiterer Vorschriften vom 25.6.2021, BGBl. I 2154.

[72] Ein jüngeres Projekt, digitale Schulzeugnisse mit Hilfe einer Blockchain zu erstellen, scheint vorerst gescheitert; vgl. ZEIT-Online vom 17.2.2022: „Braucht das digitale Zeugnis eine Blockchain?" – URL: https://www.zeit.de/digital/2022-02/digitale-zeugnisse-schule-blockchain-digitalisierung?utm_referrer=https%3 A%2F%2Fwww.google.de%2F (Stand: 31.12.2023).

[73] Verordnung (EU) Nr. 910/2014 des Europäischen Parlaments und des Rates vom 23. Juli 2014 über elektronische Identifizierung und Vertrauensdienste für elektronische Transaktionen im Binnenmarkt und zur Aufhebung der Richtlinie 1999/93/EG, ABl. L 257 S. 73, ber. ABl. 2015 L 23 S. 19 und ABl. 2016 L 155 S. 44, idF vom 14.12.2022, ABl. L 333 S. 8.

[74] Solche elektronischen Zeugnisse mit Verifikationslink stellt seit dem 1.12.2017 die Georg-August-Universität Göttingen für alle Bachelor- und Mas-

35 Ähnlich verhält es sich bei dem Nachweis der Berufshaftpflichtversicherung (§51 bzw. §59n BRAO). Gesetzliche Formvorschriften für den Nachweis existieren nicht. Es ist im Versicherungsvertrag der Versicherer lediglich zu verpflichten, der zuständigen Rechtsanwaltskammer unter anderem den Beginn des Versicherungsvertrages unverzüglich mitzuteilen (§51 Abs. 6 S. 1 BRAO). Das Gesetz geht folglich davon aus, dass die Mitteilung direkt vom Versicherer zu kommen hat. Die Rechtsanwaltskammern müssen sich sicher sein können, dass die Versicherung auch wirklich besteht, anderenfalls würde die fehlende Versicherung einen zwingenden Widerrufsgrund für die Zulassung mit der Anordnung der sofortigen Vollziehung im Regelfall darstellen (§14 Abs. 2 Nr. 9 BRAO bzw. §59h Abs. 3 Nr. 1 BRAO). Üblicherweise akzeptieren die Rechtsanwaltskammern nur die Vorlage des „Originals" einer Versicherungsbescheinigung in Papier oder eine elektronische Bescheinigung direkt von der Versicherung. Auch hier würde sich ein Verifikationslink anbieten, mit dem die Rechtsanwaltskammern zugleich auch später überprüfen könnten, ob die Versicherung noch Bestand hat.

3. Ersetzendes Scannen

36 Der §58 Abs. 1 S. 2 BRAO gestattet der Rechtsanwaltskammer, die Mitgliedsakten teilweise oder vollständig digital zu führen. Die meisten Rechtsanwaltskammern führen bereits vollständig digitale Akten. Die in Papierform eingehenden Schreiben und Dokumente müssen zur Aufnahme in die digitale Akte durch Scannen digitalisiert werden. Unter „ersetzendem Scannen" ist die im Rechtsverkehr akzeptierte Ersetzung des Papierdokuments durch das elektronische Dokument zu verstehen.[75] Dazu ist nach dem „Stand der Technik" sicherzustellen, dass die elektronischen Dokumente mit den Papierdokumenten bildlich und inhaltlich übereinstimmen, wenn sie lesbar gemacht werden (§7 Abs. 1 S. 2 EGovG).[76] Der Beweiswert des Dokuments soll durch das Scannen nicht

terstudiengänge aus, vgl. https://www.uni-goettingen.de/de/elektronische+zeugnisdokumente/576086.html (Stand: 31.12.2023).

[75] Denkhaus/Richter/Bostelmann/Denkhaus/Richter/Bostelmann EGovG §7 Rn. 3; ähnlich Degen/Emmert/Degen/Emmert, Elektronischer Rechtsverkehr, §6 Rn. 1.

[76] Hinsichtlich des Stands der Technik kann man sich an der Technischen Richtlinie 03138 Ersetzendes Scannen (RESISCAN) des Bundesamtes für Sicherheit in der Informationstechnik orientieren, die je nach Schutz- und Beweisbedarf abgestufte technisch-organisatorische Anforderungen enthält – URL: https://www.bsi.bund.de/DE/Themen/Unternehmen-und-Organisationen/Standards-und-Zertifizierung/Technische-Richtlinien/TR-nach-Thema-sortiert/tr03138/ersetzendes-scannentr-resiscan.html (Stand: 31.12.2023).

gemindert werden.[77] Allerdings sind Fragen der Beweiskraft gescannter Dokumente in der Praxis der Verwaltungsvorgänge – das gilt auch für die berufsrechtlichen Vorgänge bei den Rechtsanwaltskammern – selten relevant und sollten nicht überbewertet werden.[78] Ein Gerichtsverfahren, in dem es auf die Beweiskraft der in der Kammergeschäftsstelle gescannten Dokumente ankäme, ist nicht ausgeschlossen, aber schwer vorstellbar. Für solche Fälle empfiehlt es sich, die Posteingänge vor der Vernichtung vorübergehend aufzubewahren. Außerdem können dann unvollständige oder fehlerhafte Scans durch erneutes Scannen korrigiert werden. Daher sollen Papierdokumente nach dem Scan erst dann vernichtet oder zurückgegeben werden, wenn eine weitere Aufbewahrung nicht mehr aus rechtlichen Gründen oder zur Qualitätssicherung des Übertragungsvorgangs erforderlich ist (§ 7 Abs. 2 EGovG). In der Praxis hat sich eine Aufbewahrungsfrist von 6–12 Monaten nach Posteingang bewährt.[79]

Vor der Vernichtung müssen die sogenannten „Originale" aussortiert 37
werden. Typischerweise handelt es sich dabei um Zeugnisse oder Arbeitsverträge im Original (bei Anträgen auf Zulassung als Syndikusrechtsanwalt), die nach dem Scannen an den Absender zurückgesandt werden müssen. Es kann sich aber auch um Vollstreckungstitel der Rechtsanwaltskammer handeln, die im Original gesondert aufzubewahren sind.[80]

Unklar erscheint auf den ersten Blick die Frage, inwiefern farbig zu 38
scannen ist. Nach Auffassung des VG Wiesbaden setzt die bildliche Übereinstimmung im Sinne von § 7 Abs. 1 Satz 2 EGovG voraus, dass farbige Dokumente auch farbig gescannt werden.[81] In den Verfahren beim VG Wiesbaden spielten aber auch farbige Elemente und Fotos eine entscheidungserhebliche Rolle, die nach dem Scannen nicht mehr erkennbar waren. Eine generelle Pflicht zum Scannen in Farbe lässt sich hieraus jedoch nicht ableiten und ist auch weder dem Wortlaut der Norm noch der Gesetzesbegründung[82] zu entnehmen. Vielmehr ist hier eine am Gesetzeszweck orientierte, praxisgerechte Auslegung des Begriffes „bildliche Übereinstimmung" vorzunehmen.[83] In berufsrechtlichen Angelegenheiten mag es in wenigen Ausnahmefällen zum Verständnis

---

[77] Zum Beweiswert elektronischer Dokumente Denkhaus/Richter/Bostelmann/Denkhaus/Richter/Bostelmann EGovG § 7 Rn. 12ff.

[78] Stelkens/Bonk/Sachs/Schmitz, VwVfG § 9 Rn. 56a. Ebenso Berlit, NVwZ 2015, 197 (197), der zutreffend darauf hinweist, dass in Prozessordnungen, die dem Amtsermittlungsgrundsatz verpflichtet sind, sich regelmäßig erst im Ausnahmefall einer non-liquet-Situation ein beweisrechtliches Problem ergäbe.

[79] Ähnlich Denkhaus/Richter/Bostelmann/Denkhaus/Richter/Bostelmann EGovG § 7 Rn. 51.

[80] Allgemein BeckOK VwVfG/Herrmann, VwVfG § 29 Rn. 11a.

[81] VG Wiesbaden 26.9.2014 – 6 K 691/14.WI.A; VG Wiesbaden 28.2.2014 – 6 K 152/14.WI.A.

[82] Vgl. BT-Drs. 17/11473, 38f.

[83] Berlit, NVwZ 2015, 197 (198).

und zur Erhaltung der Beweiskraft erforderlich erscheinen, die Originaldokumente in Farbe zu scannen (zB bei Fragen der Gestaltung des anwaltlichen Briefpapiers). In der weit überwiegenden Zahl der Fälle enthalten die bei der Geschäftsstelle der Rechtsanwaltskammer eingehenden Schreiben und Dokumente jedoch keine für den konkreten Vorgang sinntragenden Farbinformation[84] (zB Farbelemente im Behörden- und Anwaltslogo),[85] so dass auch ein Scan in Schwarzweiß den Anforderungen des §7 Abs. 1 S. 2 EGovG genügt.[86]

4. E-Mails und Datenschutz

39 Die digitale Kommunikation mit den Mitgliedern kann über das beA erfolgen und ist datenschutzrechtlich unbedenklich.[87] Anders sieht es bei der digitalen Kommunikation mit den Bürgern aus. Viele Bürger schreiben die Rechtsanwaltskammern von sich aus per einfacher E-Mail an und teilen darin zum Teil äußerst sensible Inhalte über Rechtsanwälte mit (zB Behauptungen über angeblich begangene Straftaten). Datenschutzrechtlich ist dies im Hinblick auf die Datensicherheit nach Art. 32 DSGVO[88] zumindest dann kritisch zu sehen, wenn die transportierten Inhalte einen erhöhten Schutzbedarf erkennen lassen. Zwar ist die Transportverschlüsselung bei den gängigen E-Mail-Anbietern mittlerweile Stand der Technik.[89] Im Gegensatz zur technisch wesentlich aufwändigeren Ende-zu-Ende-Verschlüsselung gewährleistet die Transportverschlüsselung (TSL/SSL)[90] jedoch keine ununterbrochene Verschlüsselung zwischen Absender und Empfänger.[91] Bei der Transportverschlüsselung werden

---

[84] Diesen Begriff verwendet Berlit, NVwZ 2015, 197 (198).

[85] Diese Beispiele nennt Berlit, NVwZ 2015, 197 (198).

[86] So im Ergebnis wohl auch Stelkens/Bonk/Sachs/Schmitz, VwVfG §9 Rn. 56a.

[87] In einem Urteil hat der BGH festgestellt, dass das beA eine im Rechtssinne sichere Kommunikation gewährleiste, vgl. BGH 22.3.2021 – AnwZ (Brfg) 2/20.

[88] Verordnung (EU) 2016/679 des Europäischen Parlaments und des Rates vom 27.4.2016 zum Schutz natürlicher Personen bei der Verarbeitung personenbezogener Daten, zum freien Datenverkehr und zur Aufhebung der Richtlinie 95/46/EG (Datenschutz-Grundverordnung), ABl. L 119, S. 1, idF vom 4.3.2021, ABl. L 47, S. 35.

[89] So nutzt beispielsweise jeder Inhaber einer E-Mail-Adresse von „web.de", „GMX" oder „T-Online" automatische eine Transportverschlüsselung, vgl. Keppeler, CR 2019, 18 (19).

[90] Vgl. Transport Layer Security (TLS, englisch für Transportschichtsicherheit), auch bekannt unter der Vorgängerbezeichnung Secure Sockets Layer (SSL), ist ein Verschlüsselungsprotokoll zur Datenübertragung im Internet, vgl. https://de.wikipedia.org/wiki/Transport_Layer_Security (Stand: 31.12.2023).

[91] Gleichwohl sieht das VG Mainz 17.12.2020 – 1 K 778/19.MZ, die Transportverschlüsselung bei der E-Mail-Kommunikation von Rechtsanwälten als ausreichend an, soweit nicht im Einzelfall besondere Anhaltspunkte für einen erhöhten

die E-Mails immer nur auf den Transportwegen verschlüsselt, also auf dem Weg vom Rechner des Absenders bis zum Server seines E-Mail-Dienstleisters, von dort bis zum Server des E-Mail-Dienstleisters des Empfängers und dann bis zum Rechner des Empfängers. Dazwischen können noch beliebig viele Server liegen. Auf den jeweiligen Servern sowie auf den Rechnern von Absender und Empfänger ist die E-Mail unverschlüsselt.[92] Anders als bei einer Ende-zu-Ende-Verschlüsselung besteht bei einer Transportverschlüsselung also keine durchgehende Verschlüsselung zwischen den Rechnern von Absender und Empfänger.

Die Rechtsanwaltskammern können es nicht verhindern, von Bürgern 40 einfache E-Mails mit erhöhtem Schutzbedarf zu erhalten. Dies liegt auch nicht in ihrem Verantwortungsbereich. Die Rechtsanwaltskammer sollte aber nicht den Fehler machen, auf E-Mails mit erhöhtem Schutzbedarf mit der Antwortfunktion nebst unten angeführter Eingangsmail im Klartext zu reagieren. Damit könnte die Rechtsanwaltskammer ihrerseits einen Verstoß gegen Art. 32 DSGVO begehen und möglicherweise auch gegen ihre umfassende Verschwiegenheitspflicht (§ 76 BRAO) verstoßen. Gibt der Bürger in der E-Mail seine Postanschrift an, sollte er in diesen Fällen auch im Zeitalter der Digitalisierung postalisch angeschrieben werden, solange ihm keine sicheren digitalen Kommunikationswege zur Verfügung stehen. Ist die Postanschrift nicht bekannt, kann hilfsweise per E-Mail geantwortet werden, wobei der Text (einschließlich der unten genannten Eingangsmail) so zu anonymisieren ist, dass für etwaige Dritte der Rückschluss auf ein konkretes Mitglied nicht mehr möglich ist.

Es bleibt zu hoffen, dass die im Rahmen des OZG für die Bürger 41 eingeführten Nutzerkonten (§ 3 Abs. 2 OZG) eine große Verbreitung erfahren und in das EGVP-System integriert werden. Darüber stünde dann auch ein sicherer Kommunikationskanal zu den beA der Rechtsanwaltskammern zur Verfügung. Solange der Mehrwert der Nutzerkonten für die Bürger jedoch nicht erkennbar und die Einrichtung eines Nutzerkontos freiwillig ist, erscheint es eher unwahrscheinlich, dass die Nutzerkonten ein digitales Äquivalent zur Wohnanschrift darstellen, unter der ein Bürger zuverlässig erreichbar ist.[93] Daneben können

Schutzbedarf bestehen. Ähnlich das VG Frankfurt 15.7.2022 – 5 L 1281/22.F, im Zusammenhang mit der Meldung von Kriegswaffenbeständen an das Bundesamt für Wirtschaft und Ausfuhrkontrolle. Mittlerweile sieht auch die Konferenz der unabhängigen Datenschutzaufsichtsbehörden des Bundes und der Länder (DSK) die Transportverschlüsselung bei normalen Risiken als ausreichend an, vgl. die Orientierungshilfe „Maßnahmen zum Schutz personenbezogener Daten bei der Übermittlung per E-Mail“ vom 16.6.2021, S. 3 – URL: https://www.datenschutzkonferenz-online.de/media/oh/20210616_orientierungshilfe_e_mail_verschluesselung.pdf (Stand: 31.12.2023).

[92] Keppeler, CR 2019, 18 (19); Schöttle, BRAK-Mitt. 2018, 118 (118).

[93] Stelkens/Bonk/Sachs/Schmitz/Prell, VwVfG § 3a Rn. 11b.

Bürger mit dem im Oktober 2023 eingeführten „Mein Justizpostfach“[94] am EGVP-System teilnehmen und so auch die Rechtsanwaltskammern über einen sicheren Kommunikationsweg erreichen. Beim „Mein Justizpostfach“ erscheint der Mehrwert für die Bürgerinnen und Bürger aber noch weniger ersichtlich, da die wenigsten regelmäßig mit der Justiz zu tun haben dürften. Bis zur Etablierung der OZG-Nutzerkonten könnte vorerst die Schaffung eines Kontaktformulars auf der Internetseite der Rechtsanwaltskammer mit verschlüsselter Übertragung und Pflichtfeld für die Postanschrift Abhilfe schaffen. Darauf könnte man die Bürger verweisen.

[94] Das Postfach ermöglicht die verschlüsselte Kommunikation zwischen Bürgerinnen/Bürgern und der Justiz sowie mit Behörden, Anwälten, Notaren und Steuerberatern, vgl. https://ebo.bund.de (Stand: 31.12.2023).

§ 3 Einsatz künstlicher Intelligenz

In letzter Zeit ist das Thema „Künstliche Intelligenz“ (KI) durch allgemein zugängliche Anwendungen in den Mittelpunkt der Aufmerksamkeit gerückt.[95] Auch für die Rechtsanwaltskammern ist es sinnvoll, sich mit den Chancen und Risiken von KI zu befassen. Zunächst sollen zum besseren Verständnis die technischen Grundlagen der KI dargelegt werden. Anschließend ist auf die regulatorischen Herausforderungen und die rechtlichen Rahmenbedingungen einzugehen, bevor abschließend Anwendungsszenarien für die Rechtsanwaltskammern aufgezeigt werden. 42

I. Technische Grundlagen

Eine allgemein anerkannte Definition der KI gibt es weder in der Rechtswissenschaft noch in anderen Disziplinen.[96] Die sich in der Europäischen Union derzeit zur Abstimmung befindliche KI-Verordnung[97] geht stattdessen von einem „System der künstlichen Intelligenz“ (KI-System) aus. Das KI-System wird dort definiert als „ein maschinengestütztes System, das so konzipiert ist, dass es mit unterschiedlichem Grad an Autonomie operieren kann und das für explizite oder implizite Ziele Ergebnisse wie Vorhersagen, Empfehlungen oder Entscheidungen hervorbringen kann, die das physische oder virtuelle Umfeld beeinflussen“.[98] 43

---

[95] Zu nennen ist hier vor allem das von der Firma OpenAI im November 2022 veröffentlichte Programm ChatGPT, vgl. https://chat.openai.com (Stand: 31.12.2023).

[96] Vgl. etwa Steege, NZV 2023, 12 (14); Kuntz, ZfPW 2022, 177 (183); Schoch/Schneider/Hornung, VwVfG § 35a Rn. 29; Leupold/Wiebe/Glossner/Baum, IT-Recht, Teil 9.1, Rn. 7.

[97] Vgl. Europäisches Parlament, P9_TA(2023)0236, Abänderungen des Europäischen Parlaments vom 14. Juni 2023 zu dem Vorschlag für eine Verordnung des Europäischen Parlaments und des Rates zur Festlegung harmonisierter Vorschriften für künstliche Intelligenz (Gesetz über künstliche Intelligenz) und zur Änderung bestimmter Rechtsakte der Union (COM(2021)0206 – C9-0146/2021 – 2021/0106(COD)).

[98] Vgl. Art. 3 Abs. 1 Nr. 1 der Abänderungen des Europäischen Parlaments. Zuvor ging der Vorschlag der Europäischen Kommission noch von einem sehr weiten Begriff des KI-Systems aus, vgl. Art. 3 Nr. 1 des Vorschlages für ein Gesetz über Künstliche Intelligenz, COM(2021), 206 final, S. 46. Dieser sehr weite Begriff wurde vielfach kritisiert, da danach nahezu jede Software schon mit einfachen Suchfunktionen vom KI-Gesetz erfasst worden wäre, so dass eine

44 Allgemein bezieht sich KI auf Technologien, die es Computern ermöglichen, menschliche Fähigkeiten wie logisches Denken, Lernen, Kreativität und Planen imitieren zu können.[99] Das Besondere an KI ist aber nicht nur, dass sie menschliche Intelligenz imitieren können soll, sondern dass sie Fähigkeiten besitzt, über die Menschen gerade nicht verfügen.[100] So kann KI große Datenmengen (Big Data) analysieren und strukturieren, die für Menschen konventionell nicht mehr geistig erfassbar sind.[101] Dabei analysiert die KI Daten auf wiederkehrende Muster, die als Wissensbasis dienen, um neue Daten zu analysieren und neue Problemlösungen zu entwickeln.[102] Für dieses maschinelle Lernen gibt es verschiedene Modelltypen und Methoden.[103] Diese Methoden gehen über einfache Wenn-Dann-Logiken hinaus und sind in der Lage, immer komplexere Aufgaben zu lösen, deren Ergebnisse sie auf der Grundlage der gemachten Erfahrungen selbst oder durch menschliches Eingreifen verbessern.[104] Eine Methode maschinellen Lernens verwendet künstliche neuronale Netze, die dem Aufbau des menschlichen Gehirns mit zahlreichen Zwischenschichten nachempfunden sind und das Zusammenspiel verschiedener Nervenzellen im Gehirn simulieren (Deep Learning).[105] Durch das selbstständige Lernen erarbeitet sich die KI neue Lösungsmöglichkeiten jenseits der Vorprogrammierung.[106]

45 Typischerweise wird zwischen „starker" KI und „schwacher" KI unterschieden.[107] Unter „starker" KI werden Systeme verstanden, die in ihren intellektuellen Fähigkeiten dem Menschen ebenbürtig oder ihm sogar überlegen sind.[108] Diese Systeme sind in der Lage, abstrakt zu denken und durch neurale Vernetzung Schlussfolgerungen auch über

---

Überregulierung befürchtet wurde, vgl. Steege, NZV 2023, 12 (14); Bomhard/Siglmüller, RDi 2022, 506, 508; Erbguth, NJW-aktuell 46/2022, 19; Thiermann/Böck, RDi 2022, 333, 334; Engelmann/Brunotte/Lütkens, RDi 2021, 317, 318.

[99] Botta, ZfDR 2022, 391 (393).

[100] Schoch/Schneider/Hornung, VwVfG § 35a Rn. 31.

[101] BVerfG 16.2.2023 – 1 BvR 1547/19 und 1 BvR 2634/20, Rn. 68 f. und 78; Botta, ZfDR 2022, 391 (393); Leupold/Wiebe/Glossner/Leupold/Wiesner, IT-Recht, Teil 9.6.4, Rn. 3.

[102] Kuntz, ZfPW 2022, 177 (183).

[103] Schoch/Schneider/Hornung, VwVfG § 35a Rn. 32 ff.

[104] Schoch/Schneider/Hornung, VwVfG § 35a Rn. 28.

[105] Schoch/Schneider/Hornung, VwVfG § 35a Rn. 32; Staehelin, GRUR 2022, 1569 (1569).

[106] Lorse, NVwZ 2021, 1657 (1658); Leupold/Wiebe/Glossner/Leupold/Wiesner, IT-Recht, Teil 9.6.4, Rn. 3.

[107] Steege, NZV 2023, 12 (14); Botta, ZfDR 2022, 391 (393); Geminn, ZD 2021, 354 (355); Lorse, NVwZ 2021, 1657 (1658).

[108] Botta, ZfDR 2022, 391 (393); Schoch/Schneider/Hornung, VwVfG § 35a Rn. 30.

vordefinierte Anwendungen hinaus zu ziehen.[109] Sie erkennen selbstständig Aufgaben und können sich selbstständig Wissen erarbeiten.[110] Solche Systeme gibt es derzeit noch nicht.[111] „Schwache" KI sind Systeme, die auf einem bestimmten Gebiet konkrete Anwendungsprobleme auf Basis der Methoden aus Mathematik und Informatik lösen.[112] Die schwache KI ist durch das Trainieren von Erkennungsmustern selbstoptimierungsfähig, allerdings begrenzt auf ihre konkrete Aufgabe.[113] Die derzeitigen KI-Systeme sind nach dem heutigen Stand allesamt als „schwache" KI anzusehen.[114]

II. Regulatorische Herausforderungen

Mit dem Einsatz von KI können Probleme einhergehen, die für den 46
Gesetzgeber eine Herausforderung darstellen. Setzt man die KI zur Entscheidungsfindung ein, drohen schematische Entscheidungen, die den Besonderheiten des Einzelfalles nicht gerecht werden.[115] Der Sachverhalt wird nicht richtig oder nicht vollständig ermittelt, an sich bekannte Tatsachen werden vom Algorithmus nicht erfasst.[116] Die Folge könnten rechtswidrige Entscheidungen sein, deren individuelle Fallgestaltung nicht in das vorgegebene Prüfungsschema passt.[117] Gleichzeitig besteht die Gefahr, dass die Beteiligungsrechte zugunsten der angestrebten Verfahrensökonomie eingeschränkt werden.[118] Um den Verwaltungsauf-

---

[109] Schürmann, ZD 2022, 316 (316).

[110] Gärtner, GRUR 2022, 207 (210); Windoffer, GewArch 2022, 130 (130).

[111] Weber/Groh, Rechtswörterbuch, zu „Künstliche Intelligenz"; Kuntz, ZfPW 2022, 177 (183).

[112] Vgl. zu allem: Datenethikkommission der Bundesregierung/Bundesministerium der Justiz und für Verbraucherschutz, Gutachten der Datenethikkommission, S. 59 – URL: https://www.bmi.bund.de/SharedDocs/downloads/DE/publikationen/themen/it-digitalpolitik/gutachten-datenethikkommission.pdf;jsessionid=72E5267AB67D46CCFB05D0660B3797CD.1_cid287?__blob=publicationFile&v=6 (Stand: 31.12.2023); Die Bundesregierung, Strategie Künstliche Intelligenz der Bundesregierung, November 2018, S. 4 – URL: https://www.bmbf.de/bmbf/shareddocs/downloads/files/nationale_ki-strategie.pdf?__blob=publicationFile&v=1 (Stand: 31.12.2023).

[113] Weber/Groh, Rechtswörterbuch, zu „Künstliche Intelligenz".

[114] Botta, ZfDR 2022, 391 (393).

[115] Dies ist systemimmanent, denn Effizienzsteigerungen durch automatisierte Abläufe führen zwangsläufig zu einer Schematisierung, vgl. Schmitz/Prell, NVwZ 2016, 1273 (1277).

[116] Bull, DVBl. 2017, 409 (416); Schmitz/Prell, NVwZ 2016, 1273 (1276).

[117] BeckOK VwVfG/Prell VwVfG § 35a Rn. 18; Schmitz/Prell, NVwZ 2016, 1273 (1277).

[118] BeckOK VwVfG/Prell VwVfG § 35a Rn. 9; Werner, NJOZ 2019, 1041 (1043).

wand zu reduzieren, könnte von einer ausreichenden Information der Betroffenen und einer hinreichenden Begründung des digitalen Verwaltungsaktes abgesehen werden.[119] Damit könnte eine Verlagerung der Darlegungs- und Beweislast auf die Antragsteller einhergehen.[120] Dem Antragsteller könnte die Möglichkeit genommen werden, noch im laufenden Verwaltungsverfahren durch Sachvortrag oder Hinweise korrigierend einzugreifen. Stattdessen droht der pauschale Verweis auf den gerichtlichen Rechtsschutz.[121] Darüber hinaus erschwert die Intransparenz des rein digital generierten Bescheides nicht nur die Nachvollziehbarkeit der Entscheidung für den Bürger, sondern macht auch Verantwortlichkeiten und Zuständigkeiten nicht mehr eindeutig erkennbar.[122]

47 Das vermutlich problematischste Risiko der KI ist die Gefahr der Diskriminierung.[123] Diskriminierung kann bereits durch eine nicht repräsentative Auswahl der zu verarbeitenden Daten entstehen.[124] Vor allem aber birgt die Arbeitsweise der Algorithmen ein erhebliches Diskriminierungsrisiko: Die eingesetzten Algorithmen suchen mit Modellen der Stochastik in der Datenmenge nach wechselseitigen Beziehungen zwischen Merkmalen, Ereignissen, Zuständen oder Funktionen (sog. Korrelationen).[125] Aus unzähligen Einzelfällen erkennt das Programm diese Korrelation und damit ein übergeordnetes Muster, das für den Menschen ohne technische Hilfe nicht erkennbar ist. Dieses übergeordnete Muster stellt für das Programm eine Regel dar. Erfüllt eine Person ein bestimmtes Gruppenmerkmal (zB Nationalität oder Religion), so wird allein aufgrund der bestehenden Korrelation eine Regel angenommen und eine Folge abgeleitet (zB eine Eigenschaft oder ein Verhalten). Die Verwaltung als Anwender des Programms erhält dadurch wichtige Hinweise für die Wahrscheinlichkeit des Eintretens einer Folge und könnte entweder von vornherein bestimmte Rechtsfolgen vorsehen (zB Antragsablehnung) oder entsprechende Maßnahmen einleiten (zB Einzelprüfung).[126] Für die Verwaltung als Anwender von Algorithmen sind Korrelationen folglich erst einmal eine große Hilfe und daher wünschenswert. Problematisch ist jedoch, dass eine Korrelation keine Kausalität darstellt. Aus einem Gruppenmerkmal kann nicht zweifelsfrei auf den konkreten Einzelfall

---

[119] Schmitz/Prell, NVwZ 2016, 1273 (1277).

[120] Martini/Nink, NVwZ-Extra 10/2017, 1 (2); Bull, DVBl. 2017, 409 (411).

[121] Bull, DVBl. 2017, 409 (412).

[122] BVerfG 16.2.2023 – 1 BvR 1547/19 und 1 BvR 2634/20, Rn. 90; BeckOK VwVfG/Prell VwVfG § 35a Rn. 9; Schoch/Schneider/Hornung, VwVfG § 35a Rn. 42.

[123] BVerfG 16.2.2023 – 1 BvR 1547/19 und 1 BvR 2634/20, Rn. 77.

[124] Werner, NJOZ 2019, 1041 (1042).

[125] Martini/Nink, NVwZ-Extra 10/2017, 1 (9).

[126] Zu allem: Martini/Nink, NVwZ-Extra 10/2017, 1 (9).

geschlossen werden.[127] Korrelationen sind immer nur Wahrscheinlichkeiten aufgrund statistischer Erfahrungen, aber keine eindeutigen Ursache-Wirkungs-Beziehungen. Der Schluss vom Gruppenmerkmal auf die Regel kann richtig, aber auch teilweise oder ganz falsch sein.[128] Es besteht also die Gefahr, dass eine Person, die ein bestimmtes Gruppenmerkmal erfüllt, von vornherein auf die abgeleitete Regel festgelegt wird. Die KI wird diese abgeleitete Regel aus der Vergangenheit zur Grundlage ihrer Entscheidung für die Zukunft machen. Vergangene Benachteiligungen werden in die Zukunft fortgeschrieben.[129] Es droht eine Gefahr der Diskriminierung ohne Berücksichtigung des Einzelfalls.[130]

III. Rechtliche Rahmenbedingungen

Solange die oben erwähnte KI-Verordnung der EU noch nicht zur 48
Anwendung kommt,[131] sind nur vereinzelt Vorgaben speziell für die KI vorhanden. Sie ergeben sich für die Rechtsanwaltskammern aus der Datenschutzgrundverordnung in Art. 22 Abs. 1 DSGVO und aus dem Verwaltungsverfahrensgesetz in § 35a VwVfG.[132] Außerdem gibt es in

---

[127] Martini/Nink, NVwZ-Extra 10/2017, 1 (9).

[128] Datenethikkommission der Bundesregierung/Bundesministerium der Justiz und für Verbraucherschutz, Gutachten der Datenethikkommission, S. 54 – URL: https://www.bmi.bund.de/SharedDocs/downloads/DE/publikationen/themen/it-digitalpolitik/gutachten-datenethikkommission.pdf;jsessionid=72E5267AB67D46CCFB05D0660B3797CD.1_cid287?__blob=publicationFile&v=6 (Stand: 31.12.2023).

[129] Vgl. ZEIT-Online vom 24.10.2019: „Wenn Maschinen kalt entscheiden" – URL: https://www.zeit.de/2019/44/algorithmen-software-diskriminierung-arbeitsmarkt-assistenz-system – Stand: 31.12.2023).

[130] So weisen Martini/Nink, NVwZ-Extra 10/2017, 1 (9), darauf hin, dass ein Algorithmus sein Entscheidungsraster beispielweise an der ethnischen Herkunft ausrichten könnte, wenn es einen statistisch signifikanten Zusammenhang zwischen der Zahl der Fälle von Sozialbetrug und der Tätergruppe „Menschen mit Migrationshintergrund" gibt. Ein ähnliches Beispiel findet sich bei Guggenberger, NVwZ 2019, 844 (850).

[131] Am 8.12.2023 wurde im Trilog eine vorläufige Einigung zwischen dem Europäischen Rat, dem Europäischen Parlament und der Europäischen Kommission über einen Rechtsrahmen für Künstliche Intelligenz erzielt. Der Text der Einigung liegt noch nicht vor (Stand: 31.12.2023). Die KI-Verordnung soll zwei Jahre nach ihrem Inkrafttreten zur Anwendung kommen. Vgl. hierzu Pressemitteilung des Europäischen Rates vom 9.12.2023 – URL: https://www.consilium.europa.eu/de/press/press-releases/2023/12/09/artificial-intelligence-act-council-and-parliament-strike-a-deal-on-the-first-worldwide-rules-for-ai/ (Stand: 31.12.2023).

[132] Sofern von der KI auch personenbezogene Daten verarbeitet werden, sind daneben selbstverständlich auch noch die allgemeinen Datenschutzregeln zu beachten. Hierauf soll nachfolgend nicht näher eingegangen werden.

Bayern[133] und Schleswig-Holstein[134] noch Landesregelungen mit KI-Vorgaben, auf die aus Platzgründen nachfolgend nicht weiter eingegangen wird.

1. Datenschutzgrundverordnung

49 Nach Art. 22 Abs. 1 DSGVO hat eine betroffene Person das Recht, nicht einer ausschließlich auf einer automatisierten Verarbeitung – einschließlich Profiling – beruhenden Entscheidung unterworfen zu werden, die ihr gegenüber rechtliche Wirkung entfaltet oder sie in ähnlicher Weise erheblich beeinträchtigt. Mit diesem Verbot soll verhindert werden, dass der Einzelne nicht zum bloßen passiven Objekt eines staatlichen Verarbeitungsvorgangs degradiert wird, bei dem seiner Individualität und der Besonderheit des konkreten Falls keine Beachtung mehr geschenkt wird.[135] Weil die Norm nicht nach der rechtlichen Wirkung der Entscheidung differenziert, sind von ihr auch begünstigende Entscheidungen umfasst und insbesondere auch dann, wenn dem Antrag voll entsprochen wird.[136]

50 Das Verbot automatisierter Entscheidungen gilt jedoch nicht absolut. Der Art. 22 Abs. 2 DSGVO sieht mehrere Ausnahmen vor. Nach Art. 22 Abs. 2 b) DSGVO gilt das Verbot dann nicht, wenn die automatisierte Entscheidung aufgrund von Rechtsvorschriften der Union oder der Mitgliedstaaten zulässig ist und diese Rechtsvorschriften angemessene Maßnahmen zur Wahrung der Rechte und Freiheiten sowie der berechtigten Interessen der betroffenen Person enthalten. Allerdings ist unklar, was „angemessene Maßnahmen" im Sinne von Art. 22 Abs. 2 b) DSGVO sind. Aus dem Erwägungsgrund 71, UAbs. 1 Satz 4, ergibt sich, dass eine

---

[133] In Bayern sind bei Verwaltungsverfahren, die vollständig durch automatische Einrichtungen durchgeführt werden, die eingesetzten Einrichtungen regelmäßig auf ihre Zweckmäßigkeit, Objektivität und Wirtschaftlichkeit hin zu überprüfen (§ 5 Abs. 2 S. 1 BayDiG). Außerdem ist der Einsatz von Künstlicher Intelligenz in der Verwaltung durch geeignete Kontroll- und Rechtsschutzmaßnahmen abzusichern (§ 5 Abs. 2 S. 2 BayDiG).

[134] In Schleswig-Holstein gibt es das Gesetz über die Möglichkeit des Einsatzes von datengetriebenen Informationstechnologien bei öffentlich-rechtlicher Verwaltungstätigkeit (IT-Einsatz-Gesetz – ITEG) vom 16.3.2022, GVOBl. S. 285, zul. geänd. durch G v. 14.12.2023, GVOBl. 638. Das ITEG enthält detaillierte Vorgaben für die Verwendung von KI in der Verwaltung, ohne aber den Begriff der KI zu definieren. Es sieht Grundsätze für die Zulässigkeit des Einsatzes vor und regelt insbesondere Verantwortlichkeit (§ 4 Abs. 1 ITEG) und Transparenzpflichten (§ 6 ITEG). Als Rechtsschutz ist eine KI-Rüge vorgesehen, mit der die Adressaten einer automatisierten Entscheidung eine Überprüfung durch eine natürliche Person verlangen können (§ 12 ITEG). Näheres zum ITEG bei Schoch/Schneider/Hornung, VwVfG § 35a Rn. 51 ff.

[135] Martini/Nink, NVwZ-Extra 10/2017, 1 (3).

[136] Schoch/Schneider/Hornung, VwVfG § 35a Rn. 17.

solche Verarbeitung in jedem Fall mit angemessenen Garantien verbunden sein muss, einschließlich der spezifischen Unterrichtung der betroffenen Person und des Anspruchs auf direktes Eingreifen einer Person, auf Darlegung des eigenen Standpunkts, auf Erläuterung der nach einer entsprechenden Bewertung getroffenen Entscheidung sowie des Rechts auf Anfechtung der Entscheidung.[137]

Eine Pflicht zur Offenlegung des verwendeten Algorithmus ergibt 51
sich aus dem Erfordernis zur Schaffung angemessener Maßnahmen nicht, weil dies schutzwürdige Geheimhaltungsinteressen verletzen könnte.[138] Hier ist dem Betroffenen genüge getan, wenn ihm Einsicht in die Bewertungsmaßstäbe und aussagekräftige Informationen über die involvierte Logik gewährt wird.[139] Aus dem Erwägungsgrund 71, UAbs. 2 Satz 1, lässt sich immerhin entnehmen, dass die algorithmische Analyse auf geeigneten mathematischen bzw. statistischen Verfahren beruhen muss, die für den konkreten Einsatzbereich geeignet sind und das Risiko von Fehlern minimieren sowie zur Korrektur unzutreffender Daten führen. Zudem ist zu verhindern, dass es gegenüber natürlichen Personen zu diskriminierenden Wirkungen oder Maßnahmen kommt.

2. Verwaltungsverfahrensgesetz

Nach § 35a VwVfG kann ein Verwaltungsakt vollständig durch automa- 52
tische Einrichtungen erlassen werden, sofern dies durch Rechtsvorschrift zugelassen ist und weder ein Ermessen noch ein Beurteilungsspielraum besteht. Das Gesetz definiert nicht, was mit vollständig durch automatische Einrichtungen erlassener Verwaltungsakt gemeint ist. Es besteht in der Literatur weitgehend Einigkeit, dass damit Verwaltungsakte gemeint sind, die ohne jegliche menschliche Bearbeitung auf Verwaltungsebene erlassen werden.[140] Die verwaltungsrechtliche Entscheidung wird also nicht mehr durch einen Menschen getroffen, sondern durch einen Algorithmus.

[137] Dies steht im Wesentlichen auch in Art. 22 Abs. 3 DSGVO. Dieser nimmt allerdings den Buchstaben b) des Abs. 2 ausdrücklich aus seinem Anwendungsbereich heraus und ist direkt an die Verantwortlichen im Sinne der DSGVO und nicht an die Normgeber (Union oder Mitgliedstaat) adressiert. Gleichwohl hat diese Vorgabe des Art. 22 Abs. 3 DSGVO Ausstrahlungswirkung auch auf dessen Abs. 2, denn Union oder Mitgliedstaat können in dem eigenen Schutzniveau nicht die DSGVO-Standards für Verantwortliche unterschreiten – vgl. hierzu Schoch/Schneider/Hornung, VwVfG § 35a Rn. 19; Paal/Pauly/Martini, DSGVO Art. 22 Rn. 35a.

[138] Paal/Pauly/Martini, DSGVO Art. 22 Rn. 36.

[139] Paal/Pauly/Martini, DSGVO Art. 22 Rn. 36.

[140] BeckOK VwVfG/Prell, VwVfG § 35a Rn. 6; Schmitz/Prell, NVwZ 2016, 1273 (1276).

53 Ergänzt wird die Vorschrift durch §24 Abs.1 S.3 VwVfG, wonach beim Einsatz von automatischen Einrichtungen zum Erlass von Verwaltungsakten die Behörde für den Einzelfall bedeutsame tatsächliche Angaben des Beteiligten berücksichtigen muss, die im automatischen Verfahren nicht ermittelt würden. Damit soll automatisierungsbedingten Ermittlungsdefiziten entgegengewirkt[141] und klargestellt werden, dass die Gebote zur umfassenden und unparteiischen Amtsermittlung auch beim digitalen Verwaltungsakt gelten.[142]

54 Die §§35a und 24 Abs.1 S.3 VwVfG sind grundsätzlich als Ausnahmeregelungen im Sinne von Art.22 Abs.2 b) DSGVO anzusehen.[143] Allerdings sind die Normen viel zu unkonkret und beinhalten insbesondere keine „angemessenen Maßnahmen" im Sinne von Art.22 Abs.2 b) DSGVO, um allein datenschutzkonform zu sein.[144] Die Schaffung datenschutzkonformer Maßstäbe ist damit Aufgabe der nach §35a VwVfG noch zu erlassenden Rechtsvorschrift.[145] Mit „Rechtsvorschrift" sind nicht nur formelle Gesetze, sondern auch Verordnungen und Satzungen gemeint. Gleichwohl wird man die Gewährleistung „angemessener Maßnahmen" im Sinne des Art.22 Abs.2 b) DSGVO nicht allein dem Verordnungs- oder Satzungsgeber überlassen können, sondern vor dem Hintergrund der Wesentlichkeitstheorie hat dies der Parlamentsgesetzgeber festzulegen.[146]

55 Keine „Rechtsvorschrift" im Sinne von §35a VwVfG sind Verwaltungsvorschriften.[147] Damit soll sichergestellt werden, dass eine Behörde nicht ungeprüft Verfahren für die Automatisierung auswählt, die sich hinterher als dafür gar nicht geeignet herausstellen.[148] Es sollen nur geeignete Verfahren durch automatische Einrichtungen betrieben werden.[149]

56 Schließlich erklärt der §35a VwVfG den vollständig automatisierten Erlass eines Verwaltungsaktes nur dann für zulässig, wenn weder ein

---

141 Stelkens/Bonk/Sachs/Kallerhoff/Fellenberg, VwVfG §24 Rn.57a.

142 Schoch/Schneider/Schneider, VwVfG §24 Rn.133.

143 BeckOK VwVfG/Prell, VwVfG §35a Rn.11a; Schoch/Schneider/Hornung, VwVfG §35a Rn.19.

144 So auch Schoch/Schneider/Hornung, VwVfG §35a Rn.19f.

145 Schoch/Schneider/Hornung, VwVfG §35a Rn.20.

146 So ist wohl auch das BVerfG 16.2.2023 – 1 BvR 1547/19 und 1 BvR 2634/20, Rn.110ff., zu verstehen. Ähnlich Stelkens/Bonk/Sachs/U. Stelkens, VwVfG §35a Rn.30 und 35f.

147 Stelkens/Bonk/Sachs/U. Stelkens, VwVfG §35a Rn.30.

148 BeckOK VwVfG/Prell, VwVfG §35a Rn.11a; Martini/Nink, NVwZ-Extra 10/2017, 1 (2). Stegmüller, NVwZ 2018, 353 (355f.), kritisiert den Normvorbehalt mit dem Hinweis, dass nicht der Normgeber, sondern doch vor allem die Verwaltung aufgrund ihrer Erfahrung am besten wissen müsste, in welchen Verfahren der digitale Verwaltungsakt adäquat und effizient einsetzbar ist und wo nicht – aA Ziekow, NVwZ 2018, 1169 (1171).

149 BT-Drs. 18/8434, 122.

Ermessen noch ein Beurteilungsspielraum besteht. Nach der Gesetzesbegründung scheint ein Ermessen schon begrifflich den automatisierten Erlass auszuschließen, weil dieser immer eine menschliche Willensbetätigung voraussetze.[150] Jenseits dieser sehr schematischen Betrachtung dürfte ein anderer Grund viel entscheidender sein: Ermessens- oder Beurteilungsspielräume dienen immer der Einzelfallgerechtigkeit. Derzeit glaubt man aber nicht, dass ein Algorithmus eine solche Einzelfallgerechtigkeit (schon) zuverlässig gewährleisten könne.[151] Damit ist der Anwendungsbereich § 35a VwVfG vor allem in einfach strukturierten Verfahren (und da vor allem in Massenverfahren)[152] mit „Wenn-Dann-Beziehungen"[153] zu sehen.[154] Aber auch hier eignet sich nicht jede gebundene Verwaltungsentscheidung für die Automatisierung. Nur wenn die

---

[150] BT-Drs. 18/8434, 122.

[151] Martini/Nink, NVwZ-Extra 10/2017, 1 (2); BeckOK VwVfG/Prell, VwVfG § 35a Rn. 14, nach dessen Auffassung das Verbot für Ermessensentscheidungen vor allem als Warnsignal an den Fachgesetzgeber zu verstehen sei. Denn aufgrund der Subsidiarität des Verwaltungsverfahrensgesetzes könnte dieser sich über das Verbot hinwegsetzen, sollte sich dann aber der besonderen rechtsstaatlichen Anforderungen eines solchen Fachgesetzes bewusst sein. Ähnlich Stelkens/Bonk/Sachs/U. Stelkens, VwVfG § 35a Rn. 38; Ziekow, NVwZ 2018, 1169 (1171).

[152] Schmitz/Prell, NVwZ 2016, 1273 (1274). Kar/Thapa/Parycek/Etscheid: Algorithmen und Automatisierung in Staat und Gesellschaft, S. 146, weist darauf hin, dass vielfach abgewickelte Massenverfahren auch größere finanzielle Einsparpotentiale besitzen – URL: https://www.oeffentliche-it.de/documents/10181/14412/(Un)berechenbar+-+Algorithmen+und+Automatisierung+in+Staat+und+Gesellschaft (Stand: 31.12.2023).

[153] Kar/Thapa/Parycek/Etscheid: Algorithmen und Automatisierung in Staat und Gesellschaft, S. 141 – URL: https://www.oeffentliche-it.de/documents/10181/14412/(Un)berechenbar+-+Algorithmen+und+Automatisierung+in+Staat+und+Gesellschaft (Stand: 31.12.2023).

[154] BeckOK VwVfG/Prell, VwVfG § 35a Rn. 11b; Martini/Nink, NVwZ-Extra 10/2017, 1 (2). Stegmüller, NVwZ 2018, 353 (357), hält diese pauschale Einschränkung auf nur gebundene Entscheidungen für sehr unglücklich. Dies würde den Anwendungsbereich der Norm sehr einschränken, weil schon statistisch die überwiegende Anzahl der Rechtsgrundlagen im Verwaltungsrecht eine Ermessenskomponente aufweisen würden. Hier hätte man besser beispielsweise mit Verwaltungsvorschriften oder Weisungen die Einzelfallgerechtigkeit herstellen können. Auch die Datenethikkommission der Bundesregierung kritisiert den § 35a VwVfG als zu „schematisch", weil er die Vielzahl der möglichen Fallgestaltungen nicht hinreichend abbilde. Stattdessen sollte der Gesetzgeber den Anwendungsbereich „vorsichtig erweitern". Denkbar wäre zum Beispiel die Bildung von Fallgruppen mit weiteren Konkretisierungen, mit denen man das Ermessen so weit reduzieren könne, dass der Algorithmus wie bei einer gebundenen Entscheidung agiere, vgl. Gutachten der Datenethikkommission der Bundesregierung, S. 214 – URL: https://www.bmi.bund.de/SharedDocs/downloads/DE/publikationen/themen/it-digitalpolitik/gutachten-datenethikkommission.pdf;jsessionid=72E5267AB67D46CCFB05D0660B3797CD.1_cid287?__blob=publicationFile&v=6 (Stand: 31.12.2023).

Aufgabe strukturiert und eindeutig beschreibbar ist, können daraus digitale Prozesse abgeleitet und algorithmische Handlungsanweisungen entwickelt werden.[155]

IV. Anwendungsszenarien für die Rechtsanwaltskammern

1. Automatisierte Entscheidungen

57 Der Einsatz von KI bei den Rechtsanwaltskammern könnte dazu dienen, die Rechtsanwaltskammern zu entlasten und deren Verwaltungsabläufe effizienter zu gestalten. Die Effizienzsteigerung ist vor allem in der Verfahrensbeschleunigung und in der Kostenreduzierung[156] zu sehen, einfach strukturierte Verfahren könnten mit geringerem Aufwand schnell erledigt werden.[157] In Verfahren, denen Normen mit klaren Tatbestands- und Rechtsfolgevoraussetzungen zugrunde liegen, könnten so Mitarbeiter der Kammer entlastet und effizienter woanders eingesetzt werden.[158] Durch die Automatisierung des Verwaltungsweges könnten zudem von Menschen ausgehende Flüchtigkeitsfehler, falsche Sachverhaltsannahmen und fehlerhafte Gesetzesanwendungen weitgehend vermieden werden.[159] Menschliche Eigenschaften wie Unkonzentriertheit oder Müdigkeit sind einem Algorithmus fremd; er rechnet immer gleich. Auch kann ein Algorithmus nicht voreingenommen oder befangen sein. Die KI kann also Neutralität, Objektivität, Konsistenz und Stringenz fördern und

---

[155] Kar/Thapa/Parycek/Etscheid: Algorithmen und Automatisierung in Staat und Gesellschaft, S. 145 – URL: https://www.oeffentliche-it.de/documents/10181/14412/(Un)berechenbar+-+Algorithmen+und+Automatisierung+in+Staat+und+Gesellschaft (Stand: 31.12.2023).

[156] Schoch/Schneider/Hornung, VwVfG § 35a Rn. 25; BeckOK VwVfG/Prell, VwVfG § 35a Rn. 20; Kar/Thapa/Parycek/Fadavian: Algorithmen und Automatisierung in Staat und Gesellschaft, S. 300 – URL: https://www.oeffentliche-it.de/documents/10181/14412/(Un)berechenbar+-+Algorithmen+und+Automatisierung+in+Staat+und+Gesellschaft (Stand: 31.12.2023). Vgl. auch Guggenberger, NVwZ 2019, 844 (846), der darauf hinweist, dass Algorithmen auch nie krank sind und deshalb auch die operativen Kosten besser kalkulierbar und tendenziell deutlich geringer sind.

[157] So nehmen Routineaufgaben und sich wiederholende Arbeitsvorgänge teilweise bis zu einem Viertel der Arbeitszeit in der öffentlichen Verwaltung ein, vgl. Guggenberger, NVwZ 2019, 844 (847).

[158] Allgemein bezogen auf Verwaltungsverfahren: Datenethikkommission der Bundesregierung/Bundesministerium der Justiz und für Verbraucherschutz, Gutachten der Datenethikkommission, S. 214 – URL: https://www.bmi.bund.de/SharedDocs/downloads/DE/publikationen/themen/it-digitalpolitik/gutachten-datenethikkommission.pdf;jsessionid=72E5267AB67D46CCFB05D0660B3797CD.1_cid287?__blob=publicationFile&v=6 (Stand: 31.12.2023).

[159] Martini/Nink, NVwZ-Extra 10/2017, 1 (1); Guggenberger, NVwZ 2019, 844 (847).

ist so einer im Wesentlichen einheitlichen Entscheidungspraxis förderlich.[160] Insbesondere bei sich wiederholenden Standardaufgaben könnte der Einsatz von KI daher interessant sein.[161]

Für den Einsatz der KI bei den Entscheidungen der Rechtsanwalts- 58
kammer wäre eine Rechtsvorschrift erforderlich, welche angemessene Maßnahmen zur Wahrung der Rechte und Freiheiten sowie der berechtigten Interessen der betroffenen Person enthalten (Art. 22 Abs. 2 b) DSGVO).

Wie bereits dargelegt (→ Rn. 52 ff.) erlaubt bislang der Gesetzgeber 59
automatisierte Entscheidungen nur bei Verwaltungsakten und das auch nur dann, wenn weder ein Ermessen noch ein Beurteilungsspielraum besteht (§ 35a VwVfG). Mögliche Anwendungsfälle hierfür wären beispielsweise die unbedenkliche Zulassung zur Rechtsanwaltschaft (§§ 4 ff. BRAO) oder umgekehrt der Widerruf aufgrund eines Verzichts (§ 14 Abs. 2 Nr. 4 BRAO) oder wegen fehlender Berufshaftpflichtversicherung (§ 14 Abs. 2 Nr. 9 BRAO). Bei diesen Verfahren handelt es sich um Standardverfahren, die in großer Zahl durchgeführt werden und die im Normalfall unproblematisch sind. Eine Automatisierung könnte hier die Chancen der KI sich zunutze machen und die Verfahren effizienter gestalten. Die Gefahren durch die typischen Risiken der KI scheinen eher gering zu sein, da die Datenlagen im Normalfall einfach und eindeutig sind. Die vom Gesetzgeber zu regelnden „angemessenen Maßnahmen" im Sinne von Art. 22 Abs. 2 b) DSGVO sollten insbesondere bei den Zulassungen zur Rechtsanwaltschaft ein Risikomanagement vorsehen, das regelmäßige Stichproben zur Qualitätssicherung vorschreibt.

Nach der derzeitigen Rechtslage ist ein Einsatz von KI bei Entschei- 60
dungen mit Ermessen oder Beurteilungsspielraum – also beispielsweise beim streitigen Widerruf wegen Vermögensverfalls oder in Aufsichtsverfahren[162] – nicht erlaubt. Noch bis vor Kurzem hielt man es aus technischen Gründen ohnehin nicht für möglich, dass es auf absehbare Zeit „Entscheidungsroboter" geben könnte, selbst wenn die KI-Systeme weiterentwickelt und die Rechnerkapazitäten erhöht werden.[163] Auch mit

---

[160] BeckOK VwVfG/Prell VwVfG § 35a Rn. 20; Martini/Nink, NVwZ-Extra 10/2017, 1 (1); Schmitz/Prell, NVwZ 2016, 1273 (1277); Kar/Thapa/Parycek/Krüger/Lischka: Algorithmen und Automatisierung in Staat und Gesellschaft, S. 441 f. – URL: https://www.oeffentliche-it.de/documents/10181/14412/(Un)berechenbar+-+Algorithmen+und+Automatisierung+in+Staat+und+Gesellschaft (Stand: 31.12.2023).

[161] Bezogen allgemein auf die Verwaltung: Guggenberger, NVwZ 2019, 844 (846 f.).

[162] Zum Ermessensspielraum des Kammervorstands und seinen Entscheidungsmöglichkeiten in Aufsichtsverfahren Weyland/Weyland, BRAO § 74 Rn. 26.

[163] Vgl. Grundlagenpapier zur 74. Jahrestagung der Präsidentinnen und Präsidenten der Oberlandesgerichte, des Kammergerichts, des Bayerischen Obersten

Einsatz von KI erschien es bislang noch nicht realisierbar, komplexes juristisches Wissen künstlich zu repräsentieren, Subsumtionsvorgänge nebst unbestimmter Rechtsbegriffe zu modellieren und zu operationalisieren sowie nicht-triviale Zusammenhänge zu erfassen.[164] Die Sach- und Rechtslagen seien häufig zu komplex und zu vielfältig für eine Automatisierung, so die bisherige Argumentation.

61 Seit der Veröffentlichung von ChatGPT dürfte sich der Blickwinkel etwas verändert haben. Auch das Europäische Parlament scheint „Entscheidungsroboter" auf absehbare Zeit nun für realistisch zu halten. In seinen Abänderungen zum Entwurf eines Gesetzes über KI sieht es „KI-Systeme, die bestimmungsgemäß von Justiz- oder Verwaltungsbehörden oder in deren Namen zur Unterstützung einer Justiz oder Verwaltungsbehörde bei der Ermittlung und Auslegung von Sachverhalten und Rechtsvorschriften und bei der Anwendung des Rechts auf konkrete Sachverhalte verwendet oder auf ähnliche Weise in einem alternativem Streitbeilegungsverfahren eingesetzt werden sollen" als hochriskant im Sinne des Art. 6 Abs. 2 KI-Verordnung an, für die besondere Leitlinien festzulegen sind.[165] Hier bleibt die weitere technische und rechtliche Entwicklung abzuwarten.

2. Unterstützende künstliche Intelligenz

62 Die KI ist aber auch in unterstützender Funktion einsetzbar. Denkbar ist beispielsweise der Einsatz von Chatbots in der Rechtsanwaltskammer. Chatbots sind technisch automatisierte bzw. autonome Dialogsysteme[166], bei denen üblicherweise der Computer („Chatbot") eine textliche oder verbale Unterhaltung mit einem realen Menschen führt („chatten").[167] Dabei folgt der Chatbot in seiner einfachsten Ausgestaltung lediglich Wenn-Dann-Entscheidungsbäumen und gibt entsprechend vorpro-

---

Landesgerichts und des Bundesgerichtshofes vom 23. bis 25. Mai 2022 in Rostock: Einsatz von KI und algorithmischen Systemen in der Justiz, S. 38 – URL: https://www.justiz.bayern.de/media/images/behoerden-und-gerichte/oberlandesgerichte/nuernberg/einsatz_von_ki_und_algorithmischen_systemen_in_der_justiz.pdf (Stand: 31.12.2023).

[164] Grundlagenpapier zur 74. Jahrestagung der Präsidentinnen und Präsidenten der Oberlandesgerichte, des Kammergerichts, des Bayerischen Obersten Landesgerichts und des Bundesgerichtshofes vom 23. bis 25. Mai 2022 in Rostock: Einsatz von KI und algorithmischen Systemen in der Justiz, S. 5 – URL: https://www.justiz.bayern.de/media/images/behoerden-und-gerichte/oberlandesgerichte/nuernberg/einsatz_von_ki_und_algorithmischen_systemen_in_der_justiz.pdf (Stand: 31.12.2023).

[165] Vgl. Europäisches Parlament, P9_TA(2023)0236, in der Abänderung 738 zu Anhang III, Abs. 1 Nr. 8 Buchstabe a).

[166] Hötte/Bäumer/Biallaß/Sommerfeld, CR 2021, 770 (770 f.).

[167] Biallaß, RDi 2023, 59 (61).

grammierte Textbausteine aus. Deshalb dienen Chatbots auch gut als First-Level-Support zur Klärung von typischen Problemen oder Fragestellungen.[168] Es gibt auch selbstlernende Chatbots, die zur Plausibilitätsprüfung oder zur Analyse von Dokumenten eingesetzt werden können oder mit deren Hilfe Anträge erstellt und eingereicht werden können.[169] Insofern sind Chatbots weniger bei den Entscheidungsprozessen in der Rechtsanwaltskammer selbst als vielmehr in deren vorgelagerten Prozessen zur Ebnung der eigentlichen Entscheidung geeignet. Antragsteller bei der Rechtsanwaltskammer könnten mit Hilfe eines Chatbots schnell und zeitlich unabhängig klären, welchen Antrag sie zu nehmen haben und welche Unterlagen einzureichen sind. Diese sollten im Rahmen des Dialoges hochgeladen und die notwendigen Angaben dazu gemacht werden können. Mit einer Prüfroutine könnten im Falle von Inkonsistenzen der Antragsteller unmittelbar im Chat darauf hingewiesen werden. Auch notwendige Termine (zB zur Vorlage von Unterlagen im Original oder zur Vereidigung) könnten mit Hilfe eines Chatbots vereinbart werden. Im Rahmen der Berufsaufsicht könnten Bürger mit Hilfe des Chatbots schnell und niedrigschwellig klären, ob für ihr Anliegen die Rechtsanwaltskammer überhaupt der richtige Ansprechpartner ist. Gegebenenfalls könnte der Chatbot auch gleich aufzeigen, welche Möglichkeiten der Unterstützung durch die Rechtsanwaltskammer bestehen und welche Angaben und Unterlagen einzubringen sind. Auch hier sollten diese Angaben gleich nebst Upload gemacht werden können. Eine KI-gestützte Spracherkennung und Sprachübersetzung könnte dabei zudem auch etwaige Verständigungsprobleme beheben.[170] Da über die Chatbots keine eigentlichen Entscheidungsprozesse stattfinden und sie eher der vereinfachten Kommunikation mit Mitgliedern der Kammer bzw. mit Bürgern dienen, sind sie in ihrer einfachsten Ausgestaltung als rechtlich unbedenklich einzustufen.[171] Bei technisch anspruchsvolleren Chatbots mit selbstlernenden Fähigkeiten besteht aber die Gefahr, dass sie sich durch unredliche Eingaben unerwünschtes Nutzerverhalten zu eigen machen könnten.[172] Daher empfiehlt es sich, entweder Chatbots

---

[168] Guggenberger, NVwZ 2019, 844 (847).

[169] Biallaß, RDi 2023, 59 (61).

[170] Guggenberger, NVwZ 2019, 844 (847).

[171] Von einer allgemein datenschutzkonformen Ausgestaltung des Chatbots wird ausgegangen.

[172] So musste im Mai 2017 der Microsoft-Chatbot „Tay" abgeschaltet werden, weil er durch die Anwender mit rassistischen Aussagen und Verschwörungstheorien „trainiert" wurde und diese sich dann zu eigen machte, vgl. Guggenberger, NVwZ 2019, 844 (847). – Auch der aktuell populäre ChatGPT hat in einem „Stresstest" bereits unangemessen und ausfällig reagiert: Ein Journalist der New York Times hatte den Chatbot in einen zweistündigen Dialog verwickelt an dessen Ende der Chatbot ziemlich penetrant behauptete, dass er den Journalisten liebe würden und dieser sich von seiner Frau trennen solle – URL:

nur in seiner einfachsten Form ohne selbstlernende Komponenten einzusetzen oder hierfür ein Risikomanagement mit regelmäßigen Qualitätskontrollen einzuführen.

63 Ein weiterer Bereich zur Einbindung der KI ist der Einsatz von Robotic Process Automation (RPA) für einfache, immer wiederkehrende Aufgaben.[173] Mit RPA werden verschiedene softwaregestützte Prozesse, die bislang in ihren einzelnen Komponenten von Menschen bedient wurden, von Computern durchgeführt. RPA baut auf die bestehenden Softwarekomponenten auf – ohne sie zu ersetzen – und imitiert in einem zu definierenden Workflow die menschlichen Eingaben. Nahezu jede Standardsoftware lässt sich so automatisieren, ohne dass besondere Schnittstellen erforderlich wären.[174] Mögliche Einsatzgebiete bestehen vor allem überall dort, wo große Mengen an Daten verarbeitet bzw. ausgewertet werden müssen. Konkret ist dabei an die Einreichung von Fortbildungsbescheinigungen in Fachanwaltssachen (§ 15 FAO) zu denken, die für die Rechtsanwaltskammern angesichts der großen Menge an Nachweisen ein erheblicher Verwaltungsaufwand darstellt. Wegen der Vielzahl und der Varianz der Nachweismöglichkeiten wäre ein Workflow, der allein auf das Auslesen einer beA-Nachricht mit Texterkennung aufsetzt, vermutlich nicht zielführend. Vielmehr müssten die Rahmendaten (zB Art und Umfang der Fortbildung, Stundenzahl) bereits über ein Frontend auf der Homepage der Kammer durch das Mitglied nebst Upload des Nachweises eingegeben werden, um dann intern einen Workflow bis hin zum Verbuchen in der Mitgliederverwaltung auszulösen. Je nachdem, ob die Fortbildung anerkannt wird oder nicht, könnte dann automatisiert ein Bestätigungsschreiben oder ein Aufforderungsschreiben zur weiteren Einreichung über das beA versendet werden. Vollständig können diese Prozesse allerdings nicht automatisiert werden, da zur Anerkennung der Fortbildung (noch) eine Plausibilitätsprüfung durch einen Menschen erforderlich sein dürfte. Gleichwohl wären aber durch den Einsatz von RPA die Prozesse deutlich schlanker und effizienter. Weitere Anwendungsbereiche von RPA sind im Bereich der Geldwäscheaufsicht (zB Auswertung der Fragebögen zur Verpflichteteneigenschaft) oder bei der Aktualisierung der Mitgliederdaten (zB Mitteilung von Namens- oder Adresswechsel) denkbar. Wie auch schon bei den Chatbots stehen am Ende des Workflows keine Entscheidungsprozesse. Vielmehr handelt es sich allenfalls um die einer Entscheidung vorgelagerten Prozesse, so dass insoweit der Einsatz von RPA rechtlich unbedenklich ist.

---

https://www.nytimes.com/2023/02/16/technology/bing-chatbot-transcript.html (Stand: 31.12.2023).

[173] Guggenberger, NVwZ 2019, 844 (849).

[174] Zu allem: Häuser/Schmid, CR 2018, 266, 267f., die allerdings in RPA in ihrer einfachsten Ausgestaltung offenbar keine KI sehen.

Der Einsatz von KI könnte auch bei der Vorbereitung von Entscheidungen eingesetzt werden, wenn insbesondere Informationen aus großen Datenmengen selektiert und ausgewertet werden müssen.[175] Dabei kommen insbesondere KI-basierte Anwendungen in Betracht, um zu bestimmten Rechtsproblemen die bisherige Rechtsprechung insbesondere der örtlichen Anwaltsgerichte aber auch die Entscheidungspraxis der eigenen Beschwerdeabteilungen als Entscheidungsgrundlage aufzubereiten. Der § 35a VwVfG findet bei solchen vorbereitenden Hilfestellungen für Entscheidungen nach seinem eindeutigen Wortlaut keine Anwendung.[176] **64**

[175] Guggenberger, NVwZ 2019, 844 (848).
[176] Lorse, NVwZ 2021, 1657 (1659 f.).

§ 4 Beschlüsse und Bescheide

Das zentrale Organ der Rechtsanwaltskammer ist der Vorstand (§ 63 Abs. 1 BRAO). Ihm sind die gesetzlichen Aufgaben der Rechtsanwaltskammer übertragen (§ 73 BRAO). Entscheidungen des Vorstandes werden durch Beschlüsse gefasst (§ 72 BRAO). Diese Beschlüsse werden mit oder ohne Zusammenkunft verabschiedet und müssen anschließend als Bescheid an den Betroffenen versandt werden. Nachfolgend ist zu prüfen, wie diese Abläufe digitalisiert werden können. 65

I. Videokonferenzen statt Präsenzsitzungen

Das Gesetz geht von Beschlussfassungen des Vorstandes in Präsenzsitzungen aus.[177] Die Vorstandssitzungen finden meistens im monatlichen Turnus statt,[178] das Nähere regelt die Geschäftsordnung des Vorstandes (§ 70 Abs. 3 BRAO). Der Vorstand kann seine Geschäfte auch auf mehrere Abteilungen übertragen (§ 77 Abs. 1 BRAO), die ihre Beschlüsse ebenfalls in Präsenzsitzungen zu fassen haben.[179] 66

Gegen Präsenzsitzungen an sich ist nichts einzuwenden. Im Gegenteil: Erfahrungsgemäß ist die Diskussionskultur eine andere und es findet ein intensiverer Austausch der Argumente statt, wenn alle Vorstandsmitglieder persönlich im Sitzungssaal anwesend sind. Auch können in Videokonferenzen Körpersprache, Mimik und Gestik nicht in gleicher Weise wahrgenommen werden.[180] Deswegen sollte im Grundsatz weiterhin an Präsenzsitzungen festgehalten werden. Gleichwohl können Situationen entstehen, in denen zwingend auf Videokonferenzen auszuweichen ist. So konnten während der Covid-Pandemie aufgrund der damaligen Rechtslage lange Zeit keine Präsenzsitzungen stattfinden. Die Rechtsanwaltskammern gingen dazu über, die Beratungen im Rahmen von Videokonferenzen abzuhalten, um dann hinterher in der schriftlichen Beschlussfassung nach § 72 Abs. 4 BRAO über den Beratungsgegenstand abzustimmen. Dies ist organisatorisch und zeitlich sehr aufwändig. 67

---

177 So die ausdrückliche Feststellung in BT-Drs. 19/20718, 22.

178 Henssler/Prütting/Hartung, BRAO § 72 Rn. 20.

179 Zwar steht dies so nicht ausdrücklich im Gesetz. Aber in § 77 Abs. 2 S. 2 BRAO ist von „Abteilungssitzungen" die Rede und nach § 77 Abs. 4 BRAO kann der Vorstand „die Abteilungen ermächtigen, ihre Sitzungen außerhalb des Sitzes der Kammer abzuhalten".

180 So die Gesetzesbegründung zur Änderung des § 30 BetrVG in BT-Drs. 19/28899, 19.

Häufig konnten die Beschlüsse erst 7–10 Tage nach der Videokonferenz vom Präsidenten festgestellt werden. Zwar schuf der Gesetzgeber das nur temporär geltende Gesetz zur Sicherstellung der Funktionsfähigkeit u.a. der Rechtsanwaltskammern während der COVID-19-Pandemie (Cov19FKG).[181] Dieses Gesetz setzte aber lediglich das Vetorecht eines jeden Vorstandsmitgliedes im Hinblick auf das Umlaufverfahren außer Kraft[182] und schuf eine Erleichterung hinsichtlich der Schriftform (§2 Abs.1 Cov19FKG). Erstaunlicherweise befasste sich das Gesetz aber nicht mit Beschlussfassungen in Videokonferenzen und erwähnte die Möglichkeit von Videokonferenzen nicht einmal. Das ist deshalb überraschend, weil in ähnlich gelagerten Sachverhalten die Videokonferenzen als Alternative zu Präsenzsitzungen bereits geregelt war oder während der Covid-Pandemie zumindest geschaffen wurde und insbesondere auch Beschlussfassungen in Videokonferenzen geregelt wurden.[183]

68 Dies wirft die Frage auf, warum nicht direkt in den Videokonferenzen abgestimmt werden kann. Dies würde das organisatorisch und zeitlich aufwändige Umlaufverfahren sparen, die Rechtsanwaltskammern könnten schneller und flexibler entscheiden. Auch wenn die BRAO die Beschlussfassung in Videokonferenzen nicht ausdrücklich verbietet, so lässt sich daraus keine Zulässigkeit der Beschlussfassungen in Videokonferenzen ableiten. Die detaillierten Regelungen zu Beschlussfassungen in §72 BRAO deuten eher darauf hin, dass das Gesetz derzeit Beschlussfassungen in Videokonferenzen nicht gestattet. Den Rechtsanwaltskammern ist jedenfalls abzuraten, virtuelle Beschlussfassungen vorzunehmen, weil dies die Beschlüsse anfechtbar (vgl. §112f Abs.1 Nr.1 BRAO) und darauf gründende Bescheide formal rechtswidrig machen könnte.

69 Erforderlich ist daher eine gesetzliche Regelung, die dem Vorstand und seinen Abteilungen eine Beschlussfassung in Telefon- oder Videokonferenzen ausdrücklich gestattet. Dabei sollte auch die Möglichkeit

---

[181] Vgl. Gesetz zur Sicherstellung der Funktionsfähigkeit der Kammern im Bereich der BRAO, der PAO, der BNotO, der WiPrO und des StBerG während der COVID-19-Pandemie vom 10.7.2020, BGBl.I 1643, idF vom 10.12.2021, BGBl.I 5162. Das Gesetz war befristet und ist am 30.6.2022 außer Kraft getreten (vgl. §11 Cov19FKG).

[182] Nach §74 Abs.4 Satz 1 BRAO können Beschlüsse des Vorstandes auch ohne Zusammenkunft gefasst werden, wenn kein Vorstandsmitglied widerspricht. Nach §2 Abs.1 Cov19FKG konnten Beschlüsse des Vorstandes in schriftlicher Abstimmung gefasst werden, wenn die Mehrheit der Vorstandsmitglieder damit einverstanden ist; ein einzelnes Veto hätte also nicht die schriftliche Abstimmung verhindern können.

[183] Vgl. etwa im Aktienrecht bei Sitzungen im Aufsichtsrat (§§108 Abs.4, 110 Abs.3 AktG), im Personalvertretungsrecht bei Sitzungen des Personalrates (§§38 Abs.3, 39 Abs.4 BPersVG) oder im Betriebsverfassungsrecht bei Sitzungen des Betriebsrates (§129 Abs.1 BetrVG idF vom 1.3.2020 bis zum 30.6.2021 bzw. jetzt §§30 Abs.2, 33 Abs.1 BetrVG).

von Hybridsitzungen erlaubt werden. Bei Hybridsitzungen können die Vorstandsmitglieder entweder in Präsenz im Sitzungssaal oder per Telefon- oder Videokonferenz zugeschaltet an der Sitzung teilnehmen. In jedem Fall gelten die Vorstandsmitglieder als in der Sitzung anwesend und sorgen so für die Beschlussfähigkeit des Vorstandes.[184] Die per Telefon- oder Videokonferenz zugeschalteten Vorstände nehmen an der Sitzung teil und sind gleichermaßen rede- und stimmberechtigt. Hybridsitzungen würden es den ehrenamtlich tätigen Vorstandsmitgliedern (§ 75 S. 1 BRAO) auch leichter ermöglichen, an den Sitzungen teilzunehmen, weil Anfahrtszeiten wegfallen und eine Teilnahme auch ortsunabhängig und flexibel möglich wäre.

Die gesetzliche Regelung zur Beschlussfassung in Videokonferenzen 70
sollte sich nur auf deren grundsätzliche Zulässigkeit beschränken und die nähere Ausgestaltung der Geschäftsordnung des Vorstandes nach § 70 Abs. 3 BRAO überlassen, um den Kammern eine an ihren Bedürfnissen orientierte Ausgestaltung zu ermöglichen. Tatsächlich liegt derzeit ein Gesetzentwurf vor, der Sitzungen in jeglicher Form (und nicht nur in Präsenz) erlaubt und darin auch Beschlussfassungen und Abstimmungen ohne Schriftformerfordernis ermöglicht.[185]

In die Geschäftsordnung sollte eine Widerspruchsregelung der Vor- 71
standsmitglieder aufgenommen werden, denn es mag Tagesordnungspunkte geben, die sich einer virtuellen Beschlussfassung verschließen.[186] Es könnte beispielweise geregelt werden, dass eine (hybride) Sitzung mit Video- oder Telefonkonferenzen nur dann zulässig ist, wenn nicht zuvor ein festzulegendes Quorum der Vorstandsmitglieder dem widersprochen hat. Das erforderliche Quorum sollte größer als ein Vorstandsmitglied sein, damit nicht Einzelinteressen den Sitzungsmodus bestimmen können. Der Präsident sollte mit der Einberufung der Vorstandssitzung (§ 70 Abs. 1 BRAO) darauf hinweisen, dass und in welcher Weise die Nutzung von Video- und Telefonkonferenz beabsichtigt ist sowie eine

---

[184] Nach § 71 BRAO ist der Vorstand beschlussfähig, wenn mindestens die Hälfte seiner Mitglieder anwesend ist.

[185] Vgl. Entwurf eines Gesetzes zur Regelung hybrider und virtueller Versammlungen in der Bundesrechtsanwaltsordnung sowie zur Änderung weiterer Vorschriften des Rechts der rechtsberatenden Berufe vom 6.10.2023, BT-Drs. 20/8674, 39 mit Verweis auf S. 36.

[186] Beispielsweise könnte dies bei der Wahl des Präsidiums (§ 78 BRAO) der Fall sein, die nach den ordentlichen Wahlen zum Vorstand üblicherweise in der darauffolgenden Vorstandssitzung ansteht. Anders als bei den Wahlen zum Vorstand (§ 64 Abs. 1 Satz 1 BRAO) schreibt das Gesetz bei der Wahl des Präsidiums keine geheimen Wahlen vor. Es könnte jedoch seitens einiger Vorstandsmitglieder eine geheime Wahl gewünscht sein, die sich organisatorisch oder technisch bei einer Hybridsitzung oder bei einer Videokonferenz nicht oder nicht ohne Weiteres durchführen lässt.

angemessene Frist zum Widerspruch setzen. Der Widerspruch hat formlos gegenüber dem Präsidenten zu erfolgen.[187]

72 Nicht zuletzt im Hinblick auf die umfassende Verschwiegenheitspflicht der Vorstandsmitglieder (§76 BRAO) sollte die Geschäftsordnung Vorgaben zur Sicherheit machen, dass Dritte keine Kenntnis vom Inhalt der Sitzung nehmen können. Zum einen können dies technische Vorgaben an die datenschutzgerechte Ausgestaltung der eingesetzten Konferenzsysteme sein. Zum anderen aber auch organisatorische Maßnahmen, wonach die zugeschalteten Vorstandsmitglieder zu Protokoll versichern müssen, dass während der Dauer der Sitzung sich in dem von ihnen genutzten Raum nur teilnahmeberechtigte Personen aufhalten.[188]

73 Eine Aufzeichnung der Sitzung sollte unzulässig sein, was ebenfalls in die Geschäftsordnung aufzunehmen wäre. Eine Aufzeichnung der Sitzung könnte die Diskussionskultur des Vorstandes hemmen, wenn die Mitglieder des Vorstandes befürchten müssten, dass alle Äußerungen festgehalten werden. Im Übrigen wäre dies auch aus datenschutzrechtlicher Sicht bedenklich, denn es ist nicht ersichtlich, inwiefern eine Aufzeichnung der mündlichen Beratung über zum Teil sensible Zulassungs- oder Aufsichtsverfahren zur Erfüllung der Aufgaben der Rechtsanwaltskammer erforderlich ist und damit gerechtfertigt wäre.

II. Unterzeichnung von Protokollen

74 Über die Beschlüsse des Vorstandes und über die Ergebnisse von Wahlen ist ein Protokoll aufzunehmen, das von dem Vorsitzenden und dem Schriftführer zu unterzeichnen ist (§72 Abs.3 BRAO). Das Protokoll soll als Beweismittel bei der Anfechtung von Beschlüssen und Wahlen dienen und kann auch für die Staatsaufsicht der Kammer (§62 Abs.2 BRAO) bedeutsam sein.[189]

75 Das Protokoll wird üblicherweise mit einem Textverarbeitungsprogramm erstellt und liegt somit digital vor. Nur für die händische Unterzeichnung durch den Vorsitzenden und dem Schriftführer muss es ausgedruckt werden, um es nach Unterzeichnung wieder einzuscannen und zur digitalen Akte abzulegen. Bei einer konsequenten Digitalisierung ist dieser Medienbruch zu vermeiden. Hinzu kommt, dass die Unterzeichnung meistens organisatorisch und zeitlich aufwändig ist, weil die ehrenamtlich tätigen Vorstandsmitglieder selten in der Kammergeschäftsstelle

---

[187] Vgl. zu allem ähnlich die Gesetzesbegründung zur Änderung des §30 BetrVG in BT-Drs. 19/28899, 19f.

[188] Ähnlich die Gesetzesbegründung zur Änderung des §30 BetrVG in BT-Drs. 19/28899, 20.

[189] Weyland/Weyland, BRAO §72 Rn.9; Henssler/Prütting/Hartung, BRAO §72 Rn.15.

anwesend sind und die Protokolle zur Unterzeichnung in die Kanzleien oder in das Homeoffice versendet werden müssen.

76 Fraglich ist, ob hier die Ersetzung der Schriftform für die Abgabe einer Erklärung durch den Versand über das beA (§ 37 BRAO) weiterhilft. Denn auch wenn man in der Unterzeichnung eines Protokolls zugleich die Abgabe einer Erklärung sehen wollte (zB hinsichtlich der Richtigkeit des Protokolls), scheint die Norm nicht zu passen. Der § 37 S. 1 BRAO erwähnt einen „Erklärenden" und einen „Empfänger", die beide über ein beA verfügen müssen. Die Norm scheint also von der Abgabe einer empfangsbedürftigen Willenserklärung auszugehen, die einer Schriftform unterliegt. Dies passt nicht zu dem Fall der Unterzeichnung eines Protokolls. Es ist wohl kein Versehen, dass in der Gesetzesbegründung die Unterzeichnung des Protokolls nach § 72 Abs. 3 BRAO nicht als Anwendungsfall der Schriftformersetzung nach § 37 BRAO aufgezählt wird.[190] Um hier keine Anfechtungsgründe zu schaffen, sollten die Rechtsanwaltskammern davon absehen, die händische Unterzeichnung der Protokolle über § 37 BRAO zu ersetzen.

77 Wenn § 37 BRAO als speziellere Vorschrift nicht greift, könnte über § 32 Abs. 1 S. 1 BRAO möglicherweise die Ersetzung der Schriftform nach § 3a Abs. 2 VwVfG Anwendung finden. Dann könnte die Unterzeichnung des Protokolls durch die Verwendung einer qualifizierten elektronischen Signatur ersetzt werden (§ 3a Abs. 2 S. 1 und 2 VwVfG). Allerdings passt der Titel der Norm mit „Elektronische Kommunikation" nicht auf den hier vorliegenden Fall der Unterzeichnung eines Protokolls. Gleichwohl scheint der Wortlaut des § 3a Abs. 2 S. 1 VwVfG für sich genommen anwendbar zu sein. Tatsächlich soll nach der Gesetzesbegründung der Absatz 2 eine Generalklausel sein, nach der eine gesetzlich angeordnete Schriftform unter Beachtung bestimmter Voraussetzungen durch die elektronische Form ersetzt werden kann.[191] Ein elektronisches Dokument, das mit einer qualifizierten elektronischen Signatur versehen ist, soll gesetzlich angeordneten Schriftformerfordernissen genügen.[192] Die Bedeutung der Norm geht also über eine elektronische Kommunikation hinaus und will die Schriftformersetzung im Verwaltungsrecht als Grundsatz regeln. Man könnte jetzt noch einwenden, dass ein gesetzliches Unterzeichnungsgebot kein Schriftformerfordernis darstellt und deshalb die Norm nicht anwendbar ist. Hier wird aber zu Recht in der Literatur die Auffassung vertreten, dass von der Schriftform im Sinne des § 3a Abs. 2 VwVfG auch Begriffe umfasst sind, die die Schriftform voraussetzen (wie „Unterschrift", „Unterschriftenliste" oder „Nieder-

---

190 Vgl. BT-Drs. 19/26828, 198.
191 BT-Drs. 14/9000, 30.
192 BT-Drs. 14/9000, 31.

schrift").[193] Insofern spricht einiges dafür, dass die nach §72 Abs. 3 BRAO erforderliche Unterzeichnung des Protokolls aufgrund der Regelung in §3a Abs. 2 VwVfG durch eine an dem Protokoll anzubringende qualifizierte elektronische Signatur ersetzt werden kann.[194] Es wäre allerdings wünschenswert, wenn eine klarstellende Regelung direkt in der BRAO hierzu aufgenommen werden würde, um auch letzte Rechtsunsicherheiten zu nehmen.[195] Dabei sollte die Unterzeichnung nicht mit weniger als der qualifizierten elektronischen Signatur ersetzt werden können: Wie bereits dargelegt, soll das Protokoll auch als (gerichtliches) Beweismittel bei der Anwendung von Beschlüssen und Wahlen dienen. Die Beweiskraft elektronischer Dokumente einer öffentlichen Behörde besitzt nur dann eine gesetzliche Vermutung der Echtheit, wenn sie mit einer qualifizierten elektronischen Signatur versehen sind (§112c Abs. 1 S. 1 BRAO iVm §98 VwGO, §§371a Abs. 3 S. 2, 437 ZPO[196]). Dies ist auch ein weiteres Argument, warum bei Protokollen von der Schriftformersetzung nach §37 BRAO abzuraten ist. Der §37 S. 2 BRAO lässt die Schriftformersetzung auch ohne qualifizierte elektronische Signatur zu, solange das Dokument einfach signiert von der natürlichen Person selbst über das beA versendet wird. Damit würde aber die gesetzliche Vermutung der Echtheit verloren gehen.

III. Beschlüsse ohne Zusammenkunft

78 Beschlüsse des Vorstandes können auch ohne Zusammenkunft gefasst werden, wenn kein Vorstandsmitglied widerspricht und sich mindestens die Hälfte der Vorstandsmitglieder an der Abstimmung beteiligt (§72 Abs. 4 Satz 1 BRAO). Die Abstimmungen sind schriftlich durch-

---

[193] Schoch/Schneider/Hornung, VwVfG §3a Rn. 61.

[194] Ab dem 1.1.2024 wird nach §3a Abs. 3 Nr. 2a VwVfG die Möglichkeit der Schriftformersetzung auch auf die Übermittlung u. a. aus einem beA ersetzt, vgl. 5. VwVfÄndG vom 4.12.2023, BGBl. I Nr. 344. Ebenso wie bereits zu §37 BRAO (→ Rn. 76) ausgeführt, hilft diese Schriftformersetzung bei der Unterzeichnung von Protokollen nicht weiter. Denn auch der Wortlaut des neuen §3a Abs. 3 Nr. 2a VwVfG passt nicht, da er von einer „Erklärung" ausgeht, die der „Erklärende" an die Behörde übermittelt.

[195] Dabei könnte man sich an der Regelung für das gerichtliche elektronische Dokument in §130b ZPO orientieren, wonach die handschriftliche Unterzeichnung durch die Aufzeichnung als elektronisches Dokument ersetzt werden kann, wenn die verantwortenden Personen am Ende des Dokuments ihren Namen hinzufügen und das Dokument mit einer qualifizierten elektronischen Signatur versehen ist. Relevant wird dies beispielsweise bei der Unterzeichnung eines Protokolls über die mündliche Verhandlung, wenn die Gerichtsakte elektronisch geführt wird, vgl. Schoch/Schneider/Riese VwGO §105 Rn. 30a.

[196] Zivilprozessordnung (ZPO) vom 12.9.1950, BGBl. I 533, zul. geänd. durch G v. 7.11.2022, BGBl. I 1982.

zuführen (§ 72 Abs. 4 S. 2 BRAO). Die Beschlussfassung ohne Zusammenkunft ist in der Praxis eher die Ausnahme, wenn man von der Zeit des Lockdowns während der Covid-Pandemie absieht. Sie kann aber in Eilfällen zwischen den turnusmäßigen Sitzungen geboten sein. Es kommen zwei Verfahren der Beschlussfassung in Betracht: Zum einen das Umlaufverfahren, bei dem die Beschlussvorschläge zur schriftlichen Abstimmung den Vorstandsmitgliedern der Reihe nach zugeleitet werden. Zum anderen können gleichlautende Beschlussvorschläge allen Vorstandsmitgliedern gleichzeitig zur schriftlichen Abstimmung mit der Bitte um Rücksendung zugeleitet werden. In jedem Fall ist das Ergebnis der Beschlussfassung vom Präsidenten gegenüber den Vorstandsmitgliedern bekannt zu geben.[197]

Das Verfahren der schriftlichen Beschlussfassung ohne Zusammenkunft ist aufwändig. 79 Zwar kann die Schriftform durch den Versand über das beA (§ 37 BRAO) ersetzt werden, dies bringt aber gegenüber den schlankeren Verfahren einer rein digitalen Beschlussfassung (zB über entsprechende Plattformen oder Apps) kaum organisatorische und zeitliche Erleichterungen. Insofern ist eine Gesetzesänderung erforderlich, mit der auch die elektronische Beschlussfassung ermöglicht wird. Näheres wäre dann in der Geschäftsordnung des Vorstandes zu regeln, die zu gewährleisten hat, dass die Rechte der Mitglieder gewahrt bleiben und eine ordnungsgemäße Stimmabgabe erfolgt.[198] Da die Beschlussfassungen nicht selten sensible Inhalte mit weitreichenden Auswirkungen auf einzelne Personen zum Gegenstand haben, muss auch bei der digitalen Beschlussfassung selbstverständlich die Einhaltung der Verschwiegenheitspflicht (§ 76 BRAO) sowie die Authentizität der abstimmenden Vorstandsmitglieder gewährleistet sein. In die Geschäftsordnung ist daher auch eine Regelung aufzunehmen, dass darauf bei der Auswahl der Plattformen und der Apps zu achten ist. So müssen die von den Anbietern genutzten Server in Ländern stehen, die in den Geltungsbereich der DSGVO fallen. Die Datenübertragung darf zudem nur verschlüsselt erfolgen. Die Authentizität kann dadurch gewährleistet werden, dass die Zugangsdaten zur Plattform oder zur App nur an das beA des jeweiligen Vorstandsmitgliedes mit dem Attribut „persönlich/vertraulich" versendet werden.[199] Denn ein Postfachinhaber darf keiner weiteren Person das

[197] Weyland/Weyland, BRAO § 72 Rn. 6a.

[198] Ähnlich die Gesetzesbegründung zur Schaffung des § 43 Abs. 7 GenG aF in BT-Drs. 16/1025, 87, wonach die Satzung einer Genossenschaft zulassen kann, dass Beschlüsse der Mitglieder schriftlich oder in elektronischer Form gefasst werden, wobei das Nähere die Satzung zu regeln hat.

[199] Die mit „persönlich/vertraulich" gekennzeichneten Nachrichten können nur vom Postfachinhaber bzw. von explizit dafür berechtigten Personen verarbeitet werden, vgl. beA-Sondernewsletter 6/2022 der BRAK vom 28.3.2022 – URL:

für den Zugang zum beA erteilte Zertifikat überlassen und er muss auch die Zertifikats-PIN geheim halten[200] (§26 Abs. 1 RAVPV).[201]

IV. Bescheide gegenüber den Betroffenen

80 Die Beschlüsse des Vorstandes müssen den betroffenen Personen bekannt gegeben werden. Beim verwaltungsrechtlichen Handeln erfolgt dies in Form von Verwaltungsakten (§32 Abs. 1 S. 1 BRAO iVm §35 VwVfG), in Beschwerde- oder Aufsichtsverfahren zB in Form von Rüge- oder Einspruchsbescheiden (§74 BRAO). Außerdem sind in Beschwerdeverfahren die Beschwerdeführer von der Entscheidung des Vorstandes in Kenntnis zu setzen (§73 Abs. 3 S. 1 BRAO).

81 Aufgrund der Nichtförmlichkeit des Verwaltungsverfahrens ist die Rechtsanwaltskammer im verwaltungsrechtlichen Bereich grundsätzlich an keine besondere Form gebunden.[202] Bei nichtverwaltungsrechtlichem Handeln (zB in Beschwerde- und Aufsichtsverfahren) gilt dies ohnehin. Daher bestehen keine grundsätzlichen Bedenken, die häufig noch in Papierform ausgefertigten Beschlüsse auch in digitaler Form zuzustellen. Allerdings sind je nach Gegenstand der Beschlüsse die Vorgaben für förmliche Zustellungen sowie möglicherweise in einigen Fällen auch die Schriftform zu berücksichtigen.

1. Zustellungspflicht

82 Verwaltungsakte, durch die die Zulassung zur Rechtsanwaltschaft oder die Mitgliedschaft in einer Rechtsanwaltskammer begründet oder versagt wird oder erlischt oder durch die eine Befreiung oder Erlaubnis versagt, zurückgenommen oder widerrufen wird, sind zuzustellen (§34 BRAO). Diese Zustellungspflicht betrifft vor allem Beschlüsse, die eine konstitutive Auswirkung auf die Zulassung zur Rechtsanwaltschaft oder die Mitgliedschaft in einer Rechtsanwaltskammer haben.[203] Aufgrund der weitreichenden Auswirkungen dieser Beschlüsse soll die förmliche

---

https://newsletter.brak.de/mailing/186/5153615/0/2cfbc7131b/index.html (Stand: 31.12.2023).

[200] Dadurch soll verhindert werden, dass der Zugang zum beA mit anderen Personen geteilt bzw. diesen ganz überlassen wird, vgl. Begründung zu §26 RAVPV in BR-Drs. 417/16, 41.

[201] Verordnung über die Rechtsanwaltsverzeichnisse und die besonderen elektronischen Anwaltspostfächer (Rechtsanwaltsverzeichnis- und -postfachverordnung – RAVPV) vom 23.9.2016, BGBl. I 2167, zul. geänd. durch G v. 15.7.2022, BGBl. I 1146.

[202] Allgemein bezogen auf die Verwaltung: Schoch/Schneider/Hornung, VwVfG §3a Rn. 25.

[203] BT-Drs. 16/11385, 36.

Zustellung sicherstellen, dass die betroffene Person von dem Verwaltungsakt sicher Kenntnis erlangt.[204] Es soll verhindert werden, dass Fristen zum Nachteil des Adressaten laufen, obwohl dieser von dem zuzustellenden Dokument noch keine Kenntnis nehmen konnte.[205] Neben den in § 34 BRAO erwähnten Verwaltungsakten gibt es im Zuständigkeitsbereich der Rechtsanwaltskammer weitere Fälle, in denen eine förmliche Zustellung erforderlich ist.[206]

Ist eine Zustellung vorgeschrieben, haben die Rechtsanwaltskammern das Verwaltungszustellungsgesetz (VwZG) des jeweiligen Landes anzuwenden.[207] Die Verwaltungszustellungsgesetze der Länder stimmen weitgehend überein mit dem Verwaltungszustellungsgesetz des Bundes.[208] Das VwZG gilt nicht nur bei verwaltungsrechtlichem Handeln der Rechtsanwaltskammer, sondern generell, also auch bei Aufsichtsverfahren. Der Anwendungsbereich nach § 1 VwZG sieht eine Zustellung nach diesem Gesetz für alle Zustellungsverfahren der betroffenen Behörden vor, ohne darauf abzustellen, in welchem Bereich die Behörde tätig wird. **83**

In den Verwaltungszustellungsgesetzen sind die Möglichkeiten der förmlichen Zustellung abschließend aufgeführt. Wie sich aus den Regelungen zur elektronischen Zustellung in § 5 Abs. 4 bis 7 VwZG ergibt, schließt entgegen vereinzelten Meinungen das gesetzliche Erfordernis einer Zustellung die elektronische Form nicht aus.[209] **84**

a) Elektronische Zustellung gegen Empfangsbekenntnis

Für die Rechtsanwaltskammer kommen grundsätzlich zwei Rechtsgrundlagen für die elektronische Zustellung in Betracht: An Rechtsanwälte gegen Empfangsbekenntnis (§ 5 Abs. 4 VwZG) oder an jedermann mit qeS, sofern der Empfänger einen Zugang für den Empfang elekt- **85**

---

[204] Weyland/Brüggemann, BRAO § 34 Rn. 3.

[205] BeckOK VwVfG/L. Ronellenfitsch, VwZG § 8 Rn. 1.

[206] So beispielsweise Widerspruchsbescheide (§ 73 Abs. 3 Satz 1 VwGO), Rügebescheide (§ 74 Abs. 4 Satz 2 BRAO) und Bußgeldbescheide in GwG-Angelegenheiten (§ 73b BRAO iVm §§ 50 Abs. 1 Satz 2 und 51 Abs. 2 OWiG).

[207] Weyland/Brüggemann, BRAO § 34 Rn. 6. Noch bis zum Jahr 2009 waren für die Zustellungen nach der BRAO generell die Vorschriften der Zivilprozessordnung anzuwenden (§ 229 BRAO aF).

[208] Verwaltungszustellungsgesetz (VwZG) vom 12.8.2005, BGBl. I 2354, zul. geänd. durch G v. 10.8.2021, BGBl. I 3436. – Entweder sind die Landesregelungen gleichlautend oder das VwZG des Bundes findet durch dynamische Verweisung Anwendung, vgl. Heckmann, jurisPK-Internetrecht, Kap. 5 Rn. 808. Die Länder Berlin, Brandenburg, Bremen, Hamburg, Hessen, Niedersachsen, Rheinland-Pfalz, Saarland, Sachsen, und Sachsen-Anhalt verweisen per dynamischer Verweisung auf das VwZG, die Bundesländer Baden-Württemberg, Bayern, Mecklenburg-Vorpommern haben eigenständige Verwaltungszustellungsgesetze, vgl. BeckOK VwVfG/Rost, VwZG § 1 Rn. 7.

[209] Schoch/Schneider/Hornung, VwVfG § 3a Rn. 70.

ronischer Dokumente eröffnet hat (§5 Abs. 5 S. 1 VwZG).[210] In beiden Fällen ist zum Nachweis der Zustellung das mit Datum und Unterschrift versehene Empfangsbekenntnis an die Rechtsanwaltskammer durch die Post oder elektronisch zurückzusenden (§5 Abs. 7 S. 1 VwZG).

86 Das Empfangsbekenntnis und damit die Mitwirkung des Empfängers spielt folglich eine entscheidende Rolle bei der elektronischen Zustellung nach VwZG. Bei den in §5 Abs. 4 VwZG aufgezählten Berufsgruppen – und damit auch bei Rechtsanwälten – ist der Gesetzgeber davon ausgegangen, dass es sich um einen besonders vertrauenswürdigen Adressatenkreis handelt, der ein Dokument auch in einer vereinfachten Zustellungsweise als zugestellt akzeptiert und der bei der Abgabe des Empfangsbekenntnisses unproblematisch mitwirkt.[211] In der Praxis kann dies zumindest bei nicht einvernehmlichen Widerrufen leider nicht bestätigt werden.[212] Hier sollte nicht erwartet werden, dass ein Empfangskenntnis abgegeben wird. Häufig reagieren die betroffenen Mitglieder leider auf gar nichts. Die berufsrechtliche Pflicht, ordnungsgemäße Zustellungen von Behörden entgegenzunehmen und das Empfangsbekenntnis mit dem Datum versehen unverzüglich zu erteilen (§ 14 Satz 1 BORA),[213] vermag in solchen Konstellationen keinen Handlungsdruck zu entfalten. Das Mitglied kann durch die Nichtabgabe des Empfangsbekenntnisses die ordnungsgemäße Zustellung und den Fristlaufbeginn zur Bestandskraft des Verwaltungsaktes verhindern.[214]

87 Aufgrund der Förmlichkeitserfordernisse des VwZG kann die Behörde nicht wie zum Teil bereits die Rechtsprechung bei Zustellungserfordernissen im gerichtlichen Verfahren dazu übergehen, bei verweigerter Rücksendung des Empfangsbekenntnisses die Zustellung aus Indizien zu schließen.[215] Zwar gibt es die Möglichkeit der Heilung von Zustellungsmängeln nach §8 VwZG, mit dessen Hilfe auf den tatsächlichen Zugang abgestellt werden kann. Nach der Literaturansicht setzt aber die Heilung von Zustellungsmängeln bei der Zustellung eines elektronischen Doku-

---

210 Allgemein in Bezug auf elektronische Zustellungen Albrecht, Handbuch Multi-Mediarecht, Teil 28 E-Government, Rn. 87.

211 BeckOK VwVfG/Rost, VwZG §5 Rn. 55; Engelhardt/App/Schlatmann/Schlatmann, VwZG §5 Rn. 10.

212 Bei einvernehmlichen Widerrufen aufgrund eines Verzichts (§14 Abs. 2 Nr. 4 BRAO) wird das Empfangsbekenntnis zwar auch nicht immer sofort abgegeben, stellt aber kein größeres Problem dar.

213 Berufsordnung (BORA) vom 22.3.1999, BRAK-Mitt. Nr. 3 S. 123, idF vom 29./30.4.2022, BRAK-Mitt. Nr. 5 S. 266.

214 Bezogen auf den Zivilprozess: Wagner/Ernst, NJW 2021, 1564 (1565).

215 So OVG Berlin-Brandenburg 15.9.2022 – OVG 1 S 23/22, NVwZ 2022, 1922.

ments stets voraus, dass der Empfänger das mit Datum und Unterschrift versehene Empfangsbekenntnis an die Behörde zurückgesendet hat.[216]

Zwar wird man auch von einer Rechtsmissbräuchlichkeit des Mitglie- **88**
des ausgehen können, wenn dieses sich bewusst und über einen längeren Zeitraum der Entgegennahme mit Annahmewillen verschließt.[217] Dieser längere Zeitraum muss aber auch erst einmal verstreichen und ist damit keine praxistaugliche Lösung, zumal sie mit erheblicher Rechtsunsicherheit für die Rechtsanwaltskammer einhergeht.

b) Zustellung über das beA ohne Empfangsbekenntnis

Zumindest bei den Zustellungsempfängern mit beA – und nur um sol- **89**
che handelt es sich bei den problematischen Widerrufen – muss eine Zustellung über das beA auch ohne Empfangsbekenntnis allein dadurch möglich sein, dass das elektronische Dokument in den Machtbereich des Empfängers gekommen ist. Bei jeder beA-Nachricht wird ein Übertragungsprotokoll (Verification Report) erstellt, aus dem sich alle Daten rund um den Versand wie Absender, Empfänger oder Zeitpunkt des Versands ergeben. Dieses Übertragungsprotokoll könnte bei der Kommunikation von beA zu beA auch einen ausreichenden Zugangsnachweis darstellen.[218] Gleichwohl sieht die Rechtsprechung auch bei einer Zustellung an das beA weiterhin die Abgabe eines Empfangsbekenntnisses für den Zugangsnachweis als erforderlich an.[219]

Diese Rechtslage ist zu ändern. Für den Versand über das EGVP- **90**
System bzw. über das beA fehlt eine spezifische Regelung wie es für die wenig verbreiteten De-Mail-Dienste in § 5a VwZG gibt. Der § 5a VwZG ermöglicht bei vorhandenem De-Mail-Konto des nicht kooperationsbereiten Empfängers eine „konfrontative" Zustellung auch ohne dessen Annahmebereitschaft.[220] Ähnlich wie bei einer Postzustellungsurkunde (PZU) wird das Empfangsbekenntnis durch eine Abholbestätigung des akkreditierten Diensteanbieters ersetzt (§ 5a Abs. 3 S. 1 VwZG).[221] Die Abholbestätigung ist ein öffentliches elektronisches Dokument mit der Beweiskraft einer öffentlichen Urkunde (§ 5a Abs. 3 S. 2 VwZG iVm §§ 371a Abs. 3, 418 ZPO). Aus der Abholbestätigung ergibt sich, dass sich der Postfachinhaber nach dem Eingang der Nachricht sicher an seinem

---

216 BeckOK VwVfG/L. Ronellenfitsch, VwZG § 8 Rn. 24; ähnlich, aber nur auf den Fall des § 5 Abs. 5 VwZG bezogen: Engelhardt/App/Schlatmann/Schlatmann, VwZG § 8 Rn. 6.

217 BeckOK OWiG/Preisner, VwZG § 5 Rn. 30, mit Verweis auf BVerfG NJW-RR 2010, 1215.

218 Dies deutet die BRAK in ihrem beA-Newsletter 31/2019 vom 17.10.2019 an – vgl. https://www.brak.de/fileadmin/05_zur_rechtspolitik/newsletter/bea-newsletter/2019/ausgabe-31-2019-v-17102019.html (Stand: 31.12.2023).

219 OVG Schleswig 23.1.2020 – 4 LA 211/18, BeckRS 2020, 579.

220 Stelkens/Bonk/Sachs/U. Stelkens, VwVfG § 41 Rn. 217a.

221 Stelkens/Bonk/Sachs/U. Stelkens, VwVfG § 41 Rn. 217a.

De-Mail-Konto angemeldet hat (§5 Abs. 9 S. 2 De-Mail-G). Ähnlich wie bei einer PZU ist die tatsächliche Kenntnisnahme der Nachricht nicht erforderlich, die Möglichkeit der Kenntnisnahme reicht aus.

91 Bei einer vergleichbaren Regelung für das beA könnte die Abholbestätigung durch die Datei des beA-Übermittlungsprotokolls ersetzt werden. Zwar besagt das Übermittlungsprotokoll nichts über die Anmeldung des Postfachinhabers an seinem beA und damit auch nichts über die Möglichkeit der Kenntnisnahme. Dies ist aber auch nicht erforderlich, denn Rechtsanwälte unterliegen einer passiven Nutzungspflicht des beA (§31a Abs. 6 BRAO) und können sich per E-Mail über Posteingänge in ihrem beA unterrichten lassen. Ähnlich wie bei einem Versand per Ersatzzustellung durch Einlegen in den Briefkasten (§3 Abs. 2 VwZG iVm §180 ZPO) ist bei einem Versand von beA zu beA die Zustellung in den Machtbereich des Empfängers gelangt, so dass von einer Möglichkeit der Kenntnisnahme und damit von einem Zugang zumindest am nächsten Werktag ausgegangen werden darf. Allerdings setzt dies voraus, dass der Postfachinhaber die Erstanmeldung (§22 RAVPV) vorgenommen hat, was die Rechtsanwaltskammer vor dem Versand zu überprüfen hätte, um den Vorwurf einer „bösgläubigen Zustellung" zu vermeiden. Längere urlaubs- oder krankheitsbedingte Abwesenheiten des Empfängers können nicht als Zugangshindernis aufgeführt werden, weil Rechtsanwältinnen und Rechtsanwälte in solchen Fällen für eine Vertretung zu sorgen haben (§53 Abs. 1 BRAO). Dabei muss die Vertretung so organisiert werden, dass sie einen Zugang zum beA des Vertretenen von diesem eingeräumt bekommt, wobei die Vertretung zumindest befugt sein muss, Posteingänge zur Kenntnis zu nehmen und elektronische Empfangsbekenntnisse abzugeben (§54 Abs. 2 BRAO).

c) Öffentliche Zustellung

92 Mitunter kommt es auch vor, dass der Aufenthaltsort des Empfängers unbekannt ist und auch eine Zustellung an einen Vertreter oder Zustellungsbevollmächtigten nicht möglich ist. In solchen Fällen kommt die Zustellung im Verwaltungsverfahren durch öffentliche Bekanntmachung („öffentliche Zustellung") in Betracht (§10 Abs. 1 S. 1 Nr. 1 VwZG). Das Gleiche gilt, wenn bei juristischen Personen eine Zustellung unter der im Handelsregister eingetragenen Anschrift nicht möglich ist (§10 Abs. 1 S. 1 Nr. 2 VwZG) oder eine Zustellung im Ausland nicht möglich ist oder keinen Erfolg verspricht (§10 Abs. 1 S. 1 Nr. 3 VwZG).

93 Die öffentliche Zustellung erfolgt durch Bekanntmachung einer Benachrichtigung an der Stelle, die von der Behörde hierfür allgemein bestimmt ist, oder durch Veröffentlichung einer Benachrichtigung im Bundesanzeiger (§10 Abs. 2 S. 1 VwZG). Die von der Rechtsanwaltskammer für Bekanntmachungen bestimmte Stelle kann auch die Internetseite

der Rechtsanwaltskammer sein.[222] Das Dokument gilt als zugestellt, wenn seit dem Tag der Bekanntmachung der Benachrichtigung zwei Wochen vergangen sind (§ 10 Abs. 2 S. 6 VwZG). In den Akten ist zu vermerken, wann und wie die Benachrichtigung bekannt gemacht wurde (§ 10 Abs. 2 S. 5 VwZG).

2. Schriftform

Für die gesetzliche Anordnung der Schriftform müssen nicht immer die Begriffe „Schriftform", „schriftliche Form" oder „schriftlich" verwendet werden, die Schriftform kann sich auch dadurch ergeben, dass sie im Gesetz vorausgesetzt wird („Unterschrift", „Niederschrift", „Abschrift").[223] Dabei ist immer auf den Sinn und Zweck der jeweiligen Regelung abzustellen. Auch bei Verwendung dieser umschreibenden Formulierungen ist nicht zwingend die Schriftform anzunehmen, vielmehr ergibt sich erst aus der Auslegung der Norm, wie die Begriffe zu verstehen sind.[224] 94

a) Anwendungsfälle

Im anwaltlichen Berufsrecht findet sich an diversen Stellen eine ausdrückliche Anordnung der Schriftform, die überwiegend für Erklärungen oder Anträge einzelner Vorstände oder Mitglieder gelten.[225] Bei den hier interessierenden Beschlüssen des Vorstandes gibt es nur einen Fall der ausdrücklich angeordneten Schriftform, nämlich die Androhung eines Zwangsgeldes in Aufsichtsverfahren (§ 57 Abs. 2 S. 1 BRAO). Es ist unklar, welche Funktion[226] diese Schriftform erfüllen soll, zumal die darauf meist folgende Festsetzung des Zwangsgeldes keiner Schriftform 95

---

[222] Allgemein: BeckOK OWiG/Preisner, VwZG § 10 Rn. 15; Engelhardt/App/Schlatmann/Schlatmann, VwZG § 10 Rn. 12; BeckOK VwVfG/L. Ronellenfitsch, VwZG § 10 Rn. 22. – So hat der Vorstand der Hanseatischen Rechtsanwaltskammer Hamburg als Bekanntgabeort für öffentliche Zustellungen gemäß § 10 VwZG die Internetseite der Hanseatischen Rechtsanwaltskammer bestimmt, vgl. https://rak-hamburg.de/mitglieder/mitgliedschaft/oeffentlichezustellung/ (Stand: 31.12.2023).

[223] Abraham, MMR 2022, 530 (531); Schoch/Schneider/Hornung, VwVfG § 3a Rn. 61. Wenn aber in einer Rechtsvorschrift die Verwendung eines bestimmten Formulars vorgeschrieben wird, das ein Unterschriftfeld vorsieht, wird allein dadurch noch nicht die Anordnung der Schriftform bewirkt (§ 13 EGovG).

[224] Schoch/Schneider/Hornung, VwVfG § 3a Rn. 62.

[225] Siehe die aufgezählten Anwendungsfälle im Entwurf des Gesetzes zur Modernisierung des notariellen Berufsrechts und zur Änderung weiterer Vorschriften, BT-Drs. 19/26828, 198.

[226] Zu den einzelnen Funktionen der Schriftform vgl. Stelkens/Bonk/Sachs/Schmitz/Prell, VwVfG § 3a Rn. 17.

unterliegt.[227] Nach der Gesetzesbegründung aus dem Jahre 1958 soll die schriftliche Androhung und deren Zustellung sicherstellen, dass der Rechtsanwalt im Einzelfall vorher unterrichtet ist, welche Folgen entstehen werden, wenn er die ihm obliegende Pflicht nicht erfüllt.[228] Hierfür ist aber das Zustellungserfordernis nach §57 Abs.2 S.2 BRAO ausreichend. Damals konnte sich der Gesetzgeber noch nicht vorstellen, dass eine Zustellung auch ohne Schriftlichkeit als elektronisches Dokument möglich ist. Dies dürfte der Grund sein, weshalb er nicht zwischen Schriftlichkeit und Zustellung unterscheidet. Diese Schriftform ist überflüssig und sollte gestrichen werden.

96 Der weitaus praxisrelevantere Fall für die Einhaltung der Schriftform soll der Rügebescheid nach §74 Abs.4 BRAO sein.[229] Das Gesetz ordnet zwar keine Schriftform ausdrücklich an, aber aus der Tatsache, dass eine „Abschrift des Rügebescheides" der Staatsanwaltschaft bei dem Oberlandesgericht mitzuteilen ist (§74 Abs.4 S.3 BRAO), soll sich nach einer Auffassung ein Schriftformerfordernis ergeben.[230] Auch hier ist die Funktion einer Schriftform unklar[231] und ihre Herleitung zweifelhaft. Es ist offensichtlich, dass der Gesetzgeber mit dieser Regelung ausschließlich die Staatsanwaltschaft in die Lage versetzen will, den Sachverhalt selbstständig prüfen und entscheiden zu können, ob ein anwaltsgerichtliches Ermittlungsverfahren einzuleiten ist.[232] Daraus eine Schriftform abzuleiten, schießt über das Ziel hinaus. Hier sollte das Gesetz klarstellend dahingehend geändert werden, dass keine Abschrift mehr an die Staatsanwaltschaft zu versenden ist, sondern diese von dem Rügebescheid und seiner Begründung lediglich in Kenntnis zu setzen ist.[233] In der Praxis würde dann das Inkenntnissetzen durch die Übersendung einer einfachen digitalen Kopie des Rügebescheides per beA erfolgen

[227] Auch in der Gesetzesbegründung ist hierzu nichts zu finden, vgl. BT-Drs. 5/2828, 17.

[228] Vgl. BT-Drs. 3/120, 82.

[229] Die Hanseatische Rechtsanwaltskammer Hamburg hat 78 Rügen im Jahr 2020, 39 Rügen im Jahr 2021 und 54 Rügen im Jahr 2022 ausgesprochen, vgl. Geschäftsbericht 2022 der Hanseatischen Rechtsanwaltskammer unter A. III. 7 – URL: https://kammerreport.rak-hamburg.de/2023-02/a-geschaeftsbericht/iii-taetigkeit-des-vorstands-im-berichtsjahr/8-beschwerdeverfahren/ (Stand: 31.12.2023).

[230] So ausdrücklich Henssler/Prütting/Hartung, BRAO §74 Rn.42.

[231] Die Gesetzesbegründung erläutert zur Notwendigkeit einer Abschrift nichts, vgl. BT-Drs. 3/120, 87.

[232] So im Ergebnis auch BeckOK BRAO/Diem, BRAO §74 Rn.36; Weyland/Weyland, BRAO §74 Rn.50.

[233] Ähnlich ist der Beschwerdeführer nach §73 Abs.3 BRAO von der Entscheidung des Vorstandes in Kenntnis zu setzen. Allerdings erhält dieser nicht den Rügebescheid, sondern lediglich das Ergebnis mit einer kurzen Darstellung der wesentlichen Gründe (§73 Abs.3 Satz 2 BRAO).

können. Solange das Gesetz aber nicht geändert ist, sollten die Rechtsanwaltskammern von einer Schriftform bei Rügebescheiden ausgehen, um nicht schon aus rein formalen Gründen aufgehoben zu werden.[234]

b) Ersetzung der Schriftform

Mit dem neu eingefügten § 37 BRAO besitzt das anwaltliche Berufsrecht erstmals eine Sondervorschrift für die Ersetzung der Schriftform.[235] Ist nach der BRAO für die Abgabe einer Erklärung die Schriftform vorgeschrieben, so kann die Erklärung auch über das beA abgegeben werden, wenn Erklärender und Empfänger über ein solches verfügen (§ 37 S. 1 BRAO). Ist die Erklärung von einer natürlichen Person abzugeben, so ist das Dokument mit einer qualifizierten elektronischen Signatur der Person zu versehen oder von ihr zu signieren und selbst zu versenden (§ 37 S. 2 BRAO). 97

Der § 37 BRAO verdrängt im verwaltungsrechtlichen Bereich als lex specialis den § 3a VwVfG, der im Regelfall die Ersetzung der Schriftform durch die qeS vorsieht.[236] Daher kommt auch der § 37 Abs. 3 S. 2 VwVfG nicht zum Tragen, wonach der elektronische Verwaltungsakt bei gesetzlich angeordneter Schriftform eine qeS mit Behördenattribut besitzen muss. Hierfür gäbe es auch kein praktisches Bedürfnis. Anders als bei einer qeS, die ausschließlich nur einer natürlichen Person und ohne Behördenattribut keiner Behörde zuzuordnen ist, kann bei einem beA-Versand aufgrund der eindeutigen Absenderkennung die Rechtsanwaltskammer zweifellos als Absender erkannt werden, unabhängig davon, ob und mit wessen qeS unterzeichnet wurde. 98

Bei den oben genannten möglichen Anwendungsfällen der Schriftform (Zwangsgeldandrohung und Rügebescheid) sind die Adressaten immer Kammermitglieder und besitzen im Normalfall ein beA.[237] Insoweit ist der Anwendungsfall nach § 37 Satz 1 BRAO für die Ersetzung der Schriftform durch den beA-Versand eröffnet. Dabei ist die „Abgabe einer Erklärung" im Sinne von § 37 BRAO weit zu verstehen und umfasst auch die Bescheide der Rechtsanwaltskammer. Eine nähere Erläuterung des Begriffes „Erklärung" enthält zwar weder das Gesetz noch die Gesetzesbegründung. Aus der Gesetzesbegründung wird aber deutlich, dass der Gesetzgeber jeden Fall der in der BRAO vorgeschriebenen Schriftform zwischen Kommunikationspartnern regeln wollte und insbesondere 99

[234] Diese Gefahr sieht auch Weyland/Weyland, BRAO § 74 Rn. 36.

[235] Eingefügt durch das Gesetz zur Modernisierung des notariellen Berufsrechts und zur Änderung weiterer Vorschriften vom 25.6.2021, BGBl. I 2154.

[236] So richtet sich beispielsweise die Schriftformersetzung beim Verzicht auf die Rechte aus der Rechtsanwaltschaft (§ 14 Abs. 2 Nr. 4 BRAO) nicht mehr nach § 3a VwVfG, sondern nach § 37 BRAO.

[237] Lediglich die nichtanwaltlichen Kammermitglieder nach § 60 Abs. 2 Nr. 3 BRAO besitzen kein beA. Sie bleiben bei der Betrachtung hier außen vor.

auch die Fälle, in denen die Rechtsanwaltskammer die erklärende Partei ist.[238] Nach der Gesetzesbegründung soll die Schriftformersetzung „allgemein für alle Erklärungen“ gelten.[239] Auch wenn der § 37 BRAO im Gesetzesabschnitt „Verwaltungsverfahren“ steht, gilt die Norm nicht nur für das verwaltungsrechtliche Handeln, sondern tatsächlich für alle Erklärungen der Kammer mit Schriftformerfordernis und damit auch im Bereich der Aufsichtsverfahren.[240]

100 Fraglich ist, ob der reine Versand über das beA für die Rechtsanwaltskammern ausreicht oder ob zusätzlich der Bescheid auch noch mit einer qeS zu versehen ist. Letzteres wäre nach § 37 S. 2 BRAO dann der Fall, wenn die Erklärung von einer natürlichen Person abzugeben ist. Der in § 37 S. 2 BRAO als Alternative zur qeS erwähnte Selbstversand ist bei den Kammerpostfächern mangels eines Postfachinhabers nicht einschlägig.[241] Es ist folglich bei jedem Anwendungsfall zu prüfen, wer die in dem Bescheid enthaltene Erklärung abzugeben hat.

101 Die schriftliche Zwangsgeldandrohung ist nach § 57 Abs. 2 S. 1 BRAO durch den Vorstand oder den Präsidenten vorzunehmen. Nach dem Gesetz kann also sowohl das Organ einer juristischen Person (Vorstand einer Körperschaft des öffentlichen Rechts) als auch eine natürliche Person (Präsident) die Erklärung abgeben. In der Praxis entscheidet über die Zwangsgeldandrohung aber eine vom Vorstand gebildete Beschwerdeabteilung, deren Androhung unter Verweis auf den Abteilungsbeschluss vom Vorsitzenden der zuständigen Abteilung unterzeichnet wird.[242] Es stellt sich die Frage, ob die Unterzeichnung des Abteilungsvorsitzenden die Erklärung einer natürlichen Person im Sinne von § 37 BRAO darstellt, obwohl es sich nach dem Willen des Gesetzgebers in diesem Fall um eine Androhung seitens des Vorstandes handelt, der keine natürliche Person ist.

---

[238] Siehe die aufgezählten Anwendungsfälle im Entwurf eines Gesetzes zur Modernisierung des notariellen Berufsrechts und zur Änderung weiterer Vorschriften, BT-Drs. 19/26828, 198.

[239] Vgl. Entwurf eines Gesetzes zur Modernisierung des notariellen Berufsrechts und zur Änderung weiterer Vorschriften, BT-Drs. 19/26828, 198 und 159.

[240] BT-Drs. 19/26828, 198 mit Verweis auf S. 158 f.

[241] Nach § 20 Abs. 3 Nr. 1 RAVPV hat die Bundesrechtsanwaltskammer zu gewährleisten, dass für den Empfänger einer beA-Nachricht feststellbar ist, ob die Nachricht von dem Rechtsanwalt selbst versandt wurde. Dies geschieht durch den vertrauenswürdigen Herkunftsnachweis (VHN), der besagt, dass der Postfachinhaber selbst den Versand veranlasst hat, vgl. beA-Newsletter der BRAK, Ausgabe 22/2018 v. 18.10.2018 – abrufbar unter https://www.brak.de/fileadmin/05_zur_rechtspolitik/newsletter/bea-newsletter/2018/ausgabe-22-2018-v-18102018.news.html (Stand: 31.12.2023). Mangels eines Postfachinhabers gibt es bei den beAs der Rechtsanwaltskammern keinen VHN.

[242] Vgl. dazu Weyland/Nöker, BRAO § 57 Rn. 10; Henssler/Prütting/Hartung BRAO § 57 Rn. 15.

Ähnliche Unklarheiten tauchen beim Versand des Rügebescheides auf, sofern man auch hier die Schriftform annehmen will. Nach § 74 Abs. 1 S. 1 BRAO kann „der Vorstand" das Verhalten eines Rechtsanwalts rügen. Der „Vorstand" erteilt die Rüge (vgl. § 74 Abs. 2 S. 1 BRAO) und es ist ein „Bescheid des Vorstandes" (vgl. § 74 Abs. 4 S. 1 BRAO). Bis auf eine Begründungs- und Zustellungspflicht sowie eine Pflicht zur Erteilung einer Abschrift für die Staatsanwaltschaft (vgl. § 74 Abs. 4 BRAO) macht das Gesetz keine weiteren förmlichen Vorgaben an den Rügebescheid. Nach der gesetzlichen Ausgestaltung handelt es sich folglich um keine Erklärung einer natürlichen Person. Gleichwohl haben sich in Rechtsprechung und Literatur bestimmte Formalien herausgebildet. Diese schreiben unter anderem auch die Unterzeichnung des Rügebescheides durch bestimmte Personen vor, im Regelfall durch den Vorsitzenden der Beschwerdeabteilung.[243] Auch hier stellt sich die Frage, ob es sich beim Rügebescheid durch die gesetzlich nicht angeordnete Unterzeichnungspflicht um die Erklärung einer natürlichen Person handelt, obwohl das Gesetz eine solche Erklärung nicht vorsieht. 102

Somit erweist sich der § 37 BRAO für die Rechtsanwaltskammern in der Praxis als unklar und mit rechtlichen Unsicherheiten hinsichtlich der Frage behaftet, ob eine qeS einzusetzen ist. Den Rechtsanwaltskammern kann man daher nur raten, im Zweifel immer eine qeS des unterzeichnungspflichtigen Vorstandsmitgliedes einzusetzen. Je nach Größe der Kammer ist dies aber wenig praktikabel, weil dann eine Vielzahl von ehrenamtlich tätigen Vorstandsmitgliedern beim beA-Versand zu beteiligen wären, die im Tagesgeschäft für die Kammergeschäftsstelle aber nur schwer greifbar sind. Ihnen allen einen Zugriff auf das Kammerpostfach zu gewähren, kann auch keine Lösung sein, weil der Kreis der Zugriffsberechtigten auf das Kammerpostfach möglichst klein gehalten werden sollte. 103

Solange der Gesetzgeber sich nicht für eine Abschaffung der Schriftform in den vorgenannten Fällen entscheidet, kann die Lösung nur lauten, den Rechtsanwaltskammern einen formwahrenden Versand über ihr beA ohne qeS zu ermöglichen. Zur Erreichung dieses Zieles gibt es mehrere Möglichkeiten. Am weitreichendsten wäre es, den vertrauenswürdigen Herkunftsnachweis (VHN) auch beim Kammerpostfach einzuführen, so dass den Kammern ein „Selbstversand" ermöglicht wird. Dies wäre aus Sicht der Kammern vor allem deshalb zu begrüßen, weil dann auch gerichtliche Schriftsätze ohne qeS aus dem Kammerpostfach versendet werden könnten (vgl. § 55a Abs. 3 S. 1 VwGO iVm § 20 Abs. 3 RAVPV). Aus dem besonderen elektronischen Behördenpostfach 104

[243] BeckOK BRAO/Diem, BRAO § 74 Rn. 27; Weyland/Weyland, BRAO § 74 Rn. 36a; Henssler/Prütting/Hartung, BRAO § 74 Rn. 56 (jeweils mit weiteren Nachweisen zur Rechtsprechung).

(beBPo) ist ein solcher Selbstversand möglich[244] (vgl. §6 Abs.1 Nr.4 ERVV).[245] Behörden und Körperschaften des öffentlichen Rechts können ihre Bescheide über das beBPo ohne qeS versenden.[246] Dieser Selbstversand sollte auch den Rechtsanwaltskammern für das beA nicht verwehrt werden.[247] Eine andere Möglichkeit wäre, dass in §37 BRAO den Rechtsanwaltskammern ausdrücklich und generell der Versand von Bescheiden über das beA ohne qeS formwahrend gestattet wird.

3. Mitteilungen

105 Neben den Zustellungspflichten und der Schriftform gibt es auch gesetzliche Mitteilungspflichten, für die keine formalen Vorgaben existieren. Der in der Praxis häufigste Fall dürfte die Mitteilung gegenüber dem Beschwerdeführer in Beschwerdeverfahren sein. Nach §73 Abs.3 S.1 BRAO setzt der Vorstand die Person, die die Beschwerde erhoben hatte, von seiner Entscheidung in Kenntnis. Sollte die sich beschwerende Person ein Rechtsanwalt sein, kann die Mitteilung über das beA erfolgen.

106 Häufig gehen jedoch die Beschwerden direkt von Bürgern postalisch oder per einfacher, ungesicherter E-Mail ein. Diese Kommunikationswege stellen die Rechtsanwaltskammern im Zuge der Digitalisierung vor Probleme bei der Kommunikation mit diesen Beschwerdeführern. Denn es ist nicht zu erwarten, dass in absehbarer Zeit relevante Teile der Bevölkerung standardmäßig über einen sicheren elektronischen Kommunikationsweg verfügen. Auch wenn man sich für das eBO, das OZG-Nutzerkonto oder das „Mein Justizpostfach" bereits einen Zugang verschaffen kann, dürfte für viele das Aufwand-Nutzen-Verhältnis derzeit noch zu ungünstig sein. Auch ist es illusorisch, mit den Bürgern per E-Mail mit Ende-zu-Ende-Verschlüsselung (per S/MIME oder OpenPGP)[248] kom-

[244] Beim beBPo ist Postfachinhaber die Behörde bzw. die Körperschaft des öffentlichen Rechts (§7 Abs.2 Nr.1 RAVPV). Der Postfachinhaber bestimmt die natürlichen Personen, die Zugang zum beBPo haben und darüber versenden können sollen (§8 Abs.1 RAVPV).

[245] Verordnung über die technischen Rahmenbedingungen des elektronischen Rechtsverkehrs und über das besondere elektronische Behördenpostfach (Elektronischer-Rechtsverkehr-Verordnung – ERVV) vom 24.11.2017, BGBl.I 3803, zul. geänd. durch G v. 5.10.2021, BGBl.I 4607.

[246] BVerwG 18.5.2020 – 1 B 23.20, 1 PKH 14.20.

[247] Zwar können auch die Rechtsanwaltskammern sich neben ihrem beA zusätzlich ein beBPo anschaffen. Aber dann sind zwei Postfächer zu überwachen. Außerdem könnte dies die Versender verwirren, wenn die Rechtsanwaltskammern im Adressverzeichnis mit zwei Postfächern auftauchen.

[248] Laut dem Bundesamt für Sicherheit in der Informationstechnik haben sich diese beiden Verschlüsselungssysteme bei der E-Mail-Kommunikation derzeit etabliert. Hierzu und zur näheren Erläuterung vgl. https://www.bsi.bund.de/DE/Themen/Verbraucherinnen-und-Verbraucher/Informationen-und-Empfehlungen/Onlinekommunikation/Verschluesselt-kommunizieren/E-Mail-

munizieren zu können. Die meisten Beschwerdeführer dürften über ein solches System nicht verfügen.[249] Außerdem wäre zuvor noch der jeweilige öffentliche Schlüssel unter den Kommunikationspartnern auszutauschen, um überhaupt verschlüsselt kommunizieren zu können.[250] Angesichts der Vielzahl der Beschwerdeeingänge ist dies nicht praktikabel.

Gleichwohl sollte die Rechtsanwaltskammer ihre Mitteilungen 107
über die Entscheidung des Vorstandes nicht per einfacher, ungesicherter E-Mail an den Beschwerdeführer versenden. Dies gilt auch dann, wenn die Beschwerdeführerinnen und Beschwerdeführer ihrerseits für die Eingabe diesen Weg gewählt oder vielleicht sogar ausdrücklich in die E-Mail-Kommunikation eingewilligt haben. Unabhängig von der strittigen Frage, ob die DSGVO überhaupt eine Einwilligung in einen unsicheren Kommunikationsweg zulässt,[251] ist eine Einwilligung auch strukturell nicht denkbar. Denn die Mitteilung enthält sensible berufsrechtliche – manchmal sogar strafrechtlich relevante – Bewertungen zum Verhalten eines Rechtsanwaltes. In die Beeinträchtigung der personenbezogenen Daten von Dritten kann der Beschwerdeführer aber nicht einwilligen.[252] Auch ist die heute im E-Mail-Verkehr bereits übliche

---

Verschluesselung/E-Mail-Verschluesselung-in-der-Praxis/e-mail-verschluesselung-in-der-praxis_node.html (Stand: 31.12.2023).

[249] Laut Statista ergab eine Befragung, dass nur 13,5 % der Deutschen ab 14 Jahren eine Ende-zu-Ende-Verschlüsselung bei der E-Mail-Kommunikation einsetzen, vgl. https://de.statista.com/infografik/9522/nutzung-von-ende-zu-ende-verschluesselung/ (Stand: 31.12.2023).

[250] Hier könnte das Projekt „EasyGPG" des Bundesamtes für Sicherheit in der Informationstechnik eine Lösung sein, bei dem der öffentliche Schlüssel einfach über eine HTTPS-Abfrage aus einem URL-Verzeichnis des Dienstanbieters bezogen werden kann. Allerdings setzt auch das voraus, dass der Kommunikationspartner das System nutzt und sich in einem solchen Verzeichnis hat eintragen lassen, vgl. hierzu https://www.bsi.bund.de/DE/Themen/Unternehmen-und-Organisationen/Informationen-und-Empfehlungen/Freie-Software/E-Mail-Verschluesselung/EasyGPG/easygpg_node.html (Stand: 31.12.2023).

[251] Ein Teil der Literatur vertritt die Auffassung, dass die Standards der hier relevanten technisch-organisatorischen Maßnahmen nach Art. 32 Abs. 1 DSGVO nicht verzichtbar seien, denn eine Einwilligung sehe die DSGVO diesbezüglich nicht vor. Auch eine Einwilligung nach Art. 6 Abs. 1 lit. a) DSGVO komme nicht in Betracht, da sich diese nur auf das „Ob" der Datenverarbeitung, nicht aber auf das „Wie" der Datenverarbeitung beziehe, vgl. Spindler/Schuster/Laue, DSGVO Art. 32 Rn. 20 f. – Diese abzulehnende Auffassung verkennt aber die informationelle Selbstbestimmung als ein Recht des Betroffenen. Insofern muss das „Ob" der Datenverarbeitung auch das „Wie" der Datenverarbeitung einschließen, vgl. Paal/Pauly/Martini, DSGVO Art. 32 Rn. 4b.

[252] Paal/Pauly/Martini, DSGVO Art. 32 Rn. 4c.

Transportverschlüsselung (TSL/SSL) angesichts der häufig sehr sensiblen Inhalte kein ausreichender Verschlüsselungsstandard (→ Rn. 39).[253]

108 Ferner vermag auch der Einsatz von Webportalen oder der Versand von verschlüsselten Dokumenten per E-Mail für die Masse kein praktikabler Ansatz sein. Zum einen ist der Aufwand zu hoch, denn auch hier müssen die Zugangsdaten bzw. die Passwörter zuvor ausgetauscht werden. Zum anderen bestehen Sicherheitsbedenken, denn die Zugangsdaten bzw. die Passwörter könnten – zumindest beim Versand über eine einfache E-Mail – von Dritten ausgelesen werden. Insofern wäre nichts gewonnen.

109 Somit bleibt die Erkenntnis, dass man den Beschwerdeführern die Mitteilung nach §73 Abs. 3 S. 1 BRAO derzeit nur per Post übersenden sollte. Bei Beschwerdeführern, die sich postalisch an die Rechtsanwaltskammer gewandt haben, ergibt sich dies zwingend schon aus §32 BRAO iVm §3a Abs. 1 VwVfG, denn diese Personen haben keinen elektronischen Zugang eröffnet. Aber auch bei Zugangseröffnung ergibt sich aufgrund der vorgenannten Sicherheitsbedenken nichts anderes. Es ist zu hoffen, dass sich mittelfristig die OZG-Nutzerkonten etablieren und es zum Standard wird, dass auch die Rechtsanwaltskammern hierüber mit den Bürgern sicher kommunizieren können.

---

[253] Vgl. Orientierungshilfe der Konferenz der unabhängigen Datenschutzaufsichtsbehörden des Bundes und der Länder vom 27. Mai 2021, S. 6, abrufbar unter https://www.datenschutzkonferenz-online.de/media/oh/20210616_orientierungshilfe_e_mail_verschluesselung.pdf (Stand: 31.12.2023).

§ 5 Verwaltungsleistungen der Rechtsanwaltskammer

Zu den Aufgaben der Rechtsanwaltskammer gehören auch Verwaltungsleistungen, die entweder die Beschlüsse des Vorstandes umsetzen (zB Vereidigung mit Aushändigung der Zulassungsurkunde) oder die gar nicht auf einen rechtlichen, sondern auf einen tatsächlichen Erfolg gerichtet sind (Realakte).[254] Nachfolgend sind ausgewählte Verwaltungsleistungen auf ihre Digitalisierungsfähigkeit hin zu überprüfen. 110

I. Identifizierung

Nach § 31 Abs. 1 S. 5 BRAO nehmen die Rechtsanwaltskammern Neu- 111
eintragungen in das Bundesweite Amtliche Anwaltsverzeichnis[255] (auch Gesamtverzeichnis genannt) der Bundesrechtsanwaltskammer nur nach Durchführung eines Identifizierungsverfahrens vor. Denn die Rechtsanwaltskammern tragen die datenschutzrechtliche Verantwortung für die eingegebenen Daten, insbesondere für ihre Richtigkeit und die Rechtmäßigkeit ihrer Erhebung (§ 31 Abs. 1 S. 6 BRAO). Diese Daten werden tagesaktuell in einem automatisierten Verfahren von den regionalen Kammern an die Bundesrechtsanwaltskammer übertragen.[256] Die Verzeichnisse wiederum dienen der Information der Behörden und Gerichte, der Rechtsuchenden sowie anderer am Rechtsverkehr Beteiligter (§ 31 Abs. 2 S. 1 BRAO). Die Eintragung hat keine konstitutive Wirkung für die Zulassung,[257] es soll der Transparenz des Rechtsdienstleistungsmarktes dienen.[258] Damit soll sichergestellt werden, dass jeder sich schnell informieren kann, ob eine Person zur Rechtsanwaltschaft zugelassen ist und unter welchen Adress- und Kommunikationsdaten man diese Person kontaktieren kann.[259] Außerdem richtet die Bundesrechtsanwaltskammer allein aufgrund dieser Eintragung im Verzeichnis für die eingetragene Person ein beA empfangsbereit ein (§ 31a Abs. 1 S. 1 BRAO). Mit diesem beA kann der Rechtsanwalt bei Selbstversand auch ohne

---

[254] So die Definition bei Weber/Weber, Rechtswörterbuch, zu „Realakte im Verwaltungsrecht".

[255] Vgl. www.rechtsanwaltsregister.org (Stand: 31.12.2023).

[256] Ähnlich Weyland/Weyland, BRAO § 31 Rn. 27.

[257] Weyland/Weyland, BRAO § 31 Rn. 26; Henssler/Prütting/Prütting, BRAO § 31 Rn. 15.

[258] BeckOK BRAO/Sommerwerk BRAO § 31 Rn. 4; Weyland/Weyland, BRAO § 31 Rn. 26; Henssler/Prütting/Prütting, BRAO § 31 Rn. 15.

[259] Henssler/Prütting/Prütting, BRAO § 31 Rn. 4.

qeS wirksam elektronische Schriftsätze bei den Gerichten einreichen.[260] Dies ist deshalb möglich, weil der Gesetzgeber davon ausgeht, dass es an der Existenz des Postfachinhabers, der Richtigkeit seiner Daten und seiner Stellung als Rechtsanwalt keine Zweifel geben kann, da die Daten in einem Identifizierungsverfahren der Rechtsanwaltskammer geprüft wurden.[261] Insofern kommt der zuverlässigen Identifizierung eine immense Bedeutung zu.

112 In der Praxis erfolgt bei Neuzulassungen die Identifizierung unmittelbar vor der Vereidigung in Präsenz. Wenn die zu identifizierende Person also ohnehin zur Vereidigung erscheint, erübrigen sich Überlegungen zur Digitalisierung des Identifizierungsverfahrens. Unabhängig von der Frage, ob die Vereidigung in Präsenz zwingend stattzufinden hat (→ Rn. 118ff.), findet bei Wiederzulassungen regelmäßig keine Vereidigung statt, da auf den früheren Eid oder das frühere Gelöbnis hingewiesen werden kann (§ 12a Abs. 7 BRAO). Gleichwohl sind auch diese, nicht noch einmal zu vereidigenden Personen zu identifizieren.

113 Das Gesetz macht keine Vorgaben dazu, wie die Identifizierung vorzunehmen ist. Im Regelfall erfolgt die Identifizierung durch einen Abgleich zwischen der persönlich erschienenen Person und dem von ihr vorgelegten Personalausweis oder Reisepass.[262] Dies ist aber nicht zwingend. Das Verfahren zur Identifizierung liegt im Ermessen der Rechtsanwaltskammer.[263] Denkbar ist daher auch eine online durchgeführte Identifizierung.

114 Bei einer online durchgeführten Identifizierung denkt man an die videobasierte Online-Identifizierung (Videoidentifizierung). Dabei wird in einem Videochat von der zu identifizierenden Person deren Personalausweis oder Reisepass in die Kamera gehalten und abgeglichen. Durch bestimmte Bewegungen des Ausweisdokumentes vor der Kamera soll zudem die Echtheit des Ausweisdokumentes anhand der Sicherheitsmerkmale und Hologramme überprüft werden können. Bei der Videoidentifizierung sind in letzter Zeit jedoch erhebliche Zweifel an der Zuverlässigkeit des Verfahrens aufgekommen. Das Bundesamts für Sicherheit in der Informationstechnik (BSI) wies schon im Jahre 2017 darauf hin, dass es mit relativ geringen Software- und Hardwareanforderungen möglich sei, das Lichtbild des Ausweisdokumentes während des Videochats zu manipulieren.[264] Zudem könne ein Nutzer mit der

[260] Vgl. § 55a Abs. 3 S. 1 und Abs. 4 Nr. 2 VwGO sowie die zum Teil gleichlautenden Regelungen in den anderen Verfahrensordnungen.

[261] Musielak/Voit/Stadler, ZPO § 130a Rn. 8.

[262] BeckOK BRAO/Sommerwerk, BRAO § 31 Rn. 12; Weyland/Weyland, BRAO § 31 Rn. 17.

[263] BeckOK BRAO/Sommerwerk, BRAO § 31 Rn. 12.

[264] Vgl. Bundesamt für Sicherheit in der Informationstechnik, Die Lage der IT-Sicherheit in Deutschland 2017, S. 35 – URL https://www.bsi.bund.de/Sha-

„Facial Reenactment“-Technologie auf dem Endgerät des Gesprächspartners das Gesicht einer anderen Person annehmen.[265] Im Jahre 2022 bewies dann der Chaos Computer Club (CCC), dass es die Videoidentifizierung überwinden und sich Zutritt zur elektronischen Patientenakte einer Testperson verschaffen kann.[266] Somit ist das Videoidentifizierung nicht hinreichend zuverlässig und sollte nicht (mehr) eingesetzt werden.

Eine Alternative könnte stattdessen eine Kombination von Video- **115**
identifizierung und elektronischem Identifizierungsmittel (eID) sein, wie es seit dem 1.8.2022 bei notariellen Videobeurkunden für bestimmte gesellschaftsrechtliche Urkundsgeschäfte möglich ist (vgl. §§ 16a-16e und § 40a BeurkG).[267] Dies setzt allerdings voraus, dass die zu identifizierende Person im Besitz einer eID ist.[268] Die Notariate lassen sich die Daten aus dem eID übermitteln und lesen das amtliche Lichtbild aus.[269] Hierfür wird von der zu identifizierenden Person die Notar-App eingesetzt, die im App-Store von Apple oder im Google Play Store heruntergeladen werden kann.[270] Beim Auslesen wird das Ausweisdokument automatisch auf Echtheit und Gültigkeit sowie die ausgelesenen Daten auf technische Anzeichen für mögliche Manipulationen überprüft.[271] Das sicherheitsüberprüfte Lichtbild wird dem Notariat im Videochat neben dem Live-Bild der zu identifizierenden Person zum Abgleich angezeigt.[272] Zudem wird dabei ein eigens von der Bundesnotarkammer betriebenes Videokommunikationssystem eingesetzt (§ 78p BNotO).[273] Angesichts der Bedeutung der Urkundsgeschäfte für die staatlichen Kernfunktionen

---

redDocs/Downloads/DE/BSI/Publikationen/Lageberichte/Lagebericht2017.pdf%3F__blob%3DpublicationFile%26v%3D3 (Stand: 31.12.2023). Siehe auch Franke/Schreiber, RDi 2022, 116 (118).

265 Franke/Schreiber, RDi 2022, 116 (118).

266 Vgl. ZD-aktuell 2022, 01309: „Chaos Computer Club hackt Video-Ident“ und ZEIT-online vom 29.8.2022: „Bitte winken Sie nun mit der Hand vor dem Perso hin und her“ – URL https://www.zeit.de/digital/datenschutz/2022-08/videoident-verfahren-online-identitaetsnachweis-ausweis-risiken?utm_referrer=https%3 A%2F%2Fwww.google.de%2F (Stand: 31.12.2023).

267 Beurkundungsgesetz (BeurkG) vom 28.8.1969, BGBl. I 1513, zul. geänd. durch G v. 8.10.2023, BGBl. I 1146.

268 In Betracht kommen hier die von deutschen Behörden ausgestellten Personalausweise (§ 18 PAuswG), die eID-Karten für Staatsangehörige von EU- und EWR-Mitgliedstaaten (§ 12 eID-Karte-Gesetz) sowie der elektronische Aufenthaltstitel (§ 78 V AufenthG), vgl. Herz/Hupka, NJW 2022, 3385 (3388 f.); Franke/Schreiber, RDi 2022, 116 (118).

269 Herz/Hupka, NJW 2022, 3385 (3388 f.); Franke/Schreiber, RDi 2022, 116 (118).

270 Herz/Hupka, NJW 2022, 3385 (3386).

271 Herz/Hupka, NJW 2022, 3385 (3388).

272 Herz/Hupka, NJW 2022, 3385 (3388).

273 Bundesnotarordnung (BNotO) vom 24.2.1961, BGBl. I 97, zul. geänd. durch G v. 20.12.2023, BGBl. I 1146.

wollte man die Organisation des Videokommunikationssystems keinem privaten Dritten überlassen. Die Sicherheit, Manipulationsresistenz und Zuverlässigkeit des geplanten Videokommunikationssystems könne nur die Bundesnotarkammer als Körperschaft des öffentlichen Rechts mit ihrer Erfahrung notarnaher Softwarelösungen gewährleisten.[274]

116 Die Rechtsanwaltskammern verfügen nicht über eine solche Infrastruktur, um dieses Kombinationsmodell durchführen zu können. Es ist auch unklar, ob es für die online durchgeführte Identifizierung im Zulassungsverfahren überhaupt einen nennenswerten Bedarf gibt, um eine solche Infrastruktur zu schaffen. In jedem Fall sollten die Rechtsanwaltskammern aber aus den genannten Gründen davon absehen, die klassische Videoidentifizierung einzusetzen.

117 Sollte die Nachfrage nach Online-Identifizierungen steigen, ist zu prüfen, inwiefern die Infrastruktur der Bundesnotarkammer genutzt werden kann, bevor eine Parallellösung entwickelt wird. Diese Lösung drängt sich auch deshalb auf, weil die meisten Rechtsanwaltskammern im Auftrag der Bundesnotarkammer auch das sogenannte Kammerident-Verfahren anbieten. Mit diesem Verfahren wird auf Antrag des Mitgliedes eine Identifizierung für ein qualifiziertes Zertifikat durchgeführt (Art. 24 Abs. 1 eIDAS-VO), um ein qeS-Zertifikat für die beA-Karte zu erhalten. Die Bundesnotarkammer, bei der der Antrag auf Ausstellung des Zertifikates einzureichen ist, wird als Vertrauensdienst in der sogenannten Vertrauensliste (Art. 22 eIDAS-VO) der Bundesnetzagentur gelistet.[275] Die Vorgaben der Bundesnotarkammer gegenüber den Rechtsanwaltskammern sehen vor, dass das Kammerident-Verfahren ausschließlich in Präsenz der zu identifizierenden Person durchzuführen ist. Für das Kammerident-Verfahren dürfte ein relevantes Bedürfnis für Online-Identifizierungen bestehen.

II. Vereidigung

118 Inwiefern die Vereidigung verfassungskonform oder noch zeitgemäß ist,[276] soll an dieser Stelle nicht geprüft werden. Die Vereidigung wird hier als gegeben betrachtet, zumal auch gute Gründe für sie sprechen. Es ist zu beobachten, dass in der Praxis die Vereidigung von den Zulassungs-

---

[274] Vgl. Begründung zum Entwurf eines Gesetzes zur Umsetzung der Digitalisierungsrichtlinie (DiRUG), BT-Drs. 19/28177, 110.

[275] Vgl. Übersicht der Bundesnetzagentur für Elektrizität, Gas, Telekommunikation, Post und Eisenbahnen (BNetzA) über alle elektronischen Vertrauensdienste, abrufbar im Internet unter https://www.bundesnetzagentur.de/cln_112/EVD/DE/Uebersicht_eVD/start.html (Stand: 31.12.2023).

[276] Dazu kritisch BeckOK BRAO/Jähne, BRAO § 12a Rn. 1; Kleine-Cosack, BRAO § 12a Rn. 2.

bewerbern häufig immer noch als ein besonderer Moment ihres Lebens empfunden wird, der mit Freunden oder Familie feierlich begleitet wird. Zudem macht das Ritual der Vereidigung mit der Verpflichtung auf die verfassungsmäßige Ordnung den Zulassungsbewerbern ihre besondere Verantwortung als Organ der Rechtspflege bewusst.[277] Die Vereidigung auf die verfassungsmäßige Ordnung und der gewissenhaften Erfüllung der Pflichten eines Rechtsanwaltes soll moralisch verstärkend wirken und ein psychologisches Hemmnis gegen deren Verletzung darstellen.[278]

Bei der Vereidigung muss der Zulassungsbewerber vor der Rechts- **119**
anwaltskammer einen Eid oder ein Gelöbnis leisten (§ 12a BRAO) und erhält erst danach die Zulassungsurkunde ausgehändigt (§ 12 Abs. 2 Nr. 1 BRAO). Über die Vereidigung ist ein Protokoll aufzunehmen, das von dem Zulassungsbewerber und einem Mitglied des Vorstandes zu unterschreiben ist (§ 12a Abs. 6 BRAO).

Weder der Wortlaut des Gesetzes noch der vorerwähnte Sinn und **120**
Zweck der Vereidigung machen eine Präsenz der Zulassungsbewerber zwingend. Es sind keine Gründe ersichtlich, die eine Vereidigung per Videochat ausschließen. Zwar mag der feierliche Charakter dadurch geschmälert werden. Auch soll Digitalisierung nicht bedeuten, dass kein Kontakt mehr zu Menschen gewollt ist. Im Gegenteil: Der persönliche Kontakt zwischen Rechtsanwälten und „ihrer" Kammer ist auch in Zeiten der Digitalisierung nicht nur gewünscht, sondern unverzichtbar. Es kann aber Situationen geben, in denen eine Präsenz nicht möglich ist, weil sich beispielsweise der Zulassungsbewerber im Ausland aufhält oder anderweitig gerade nicht mobil ist.

Selbstverständlich ist bei einer Vereidigung per Videochat zu gewähr- **121**
leisten, dass die richtige Person verpflichtet wird. Da in der Praxis ohnehin zuvor eine Identifizierung zur Neueintragung vorgenommen wird, kann beides nacheinander online durchgeführt werden, sofern die notwendigen technischen Voraussetzungen gegeben sind (→ Rn. 111 ff.).

Die Protokollierung soll die Bedeutung der Vereidigung betonen, die **122**
der besonderen Stellung des Rechtsanwalts als Organ der Rechtspflege entspricht.[279] Die Unterzeichnung des Vereidigungsprotokolls auch vom Rechtsanwalt als Bestandteil der Vereidigung (§ 12a Abs. 6 Satz 2 BRAO) stellt aber kein Hindernis für eine online durchgeführte Vereidigung dar. Zum einen ist die Unterzeichnung nicht konstitutiv für die Zulassung. Zum anderen kann die Unterzeichnung – auch elektronisch per qeS (→ Rn. 74 ff.) – nachgeholt werden. Sollte sich allerdings eine online durchgeführte Vereidigung etablieren, sollte der Gesetzgeber es für die

---

[277] Henssler/Prütting/Henssler, BRAO § 12a Rn. 3.
[278] Weyland/Vossebürger, BRAO § 12a Rn. 6a.
[279] So der Entwurf eines Gesetzes zur Stärkung der Selbstverwaltung der Rechtsanwaltschaft, BT-Drs. 16/513, 21.

Dokumentation ausreichen lassen, dass das Protokoll allein vom Vertreter der Rechtsanwaltskammer unterzeichnet wird. Die Protokolle bei Hauptverhandlungen vor den Gerichten sind auch nur vom Vorsitzenden und vom Urkundsbeamten zu unterzeichnen, nicht aber von den anderen Verfahrensbeteiligten.[280]

III. Zulassungsurkunde

123 Die Zulassungsurkunde spielt im Rechtsverkehr zum Nachweis gegenüber Dritten nur eine geringe Rolle. So ist die Zulassungsurkunde lediglich zum Nachweis geeignet, dass die Person zum angeführten Datum einmal zur Rechtsanwaltschaft zugelassen wurde. Die Zulassungsurkunde besagt aber nichts über den aktuellen Status dieser Person und insbesondere nichts darüber, ob diese Person immer noch Rechtsanwalt ist. Hier ist die Eintragung im Bundesweiten Amtlichen Anwaltsverzeichnis[281] oder eine aktuelle Mitgliedsbescheinigung der Kammer für die Praxis viel relevanter. Das Berufsrecht macht auch keine Vorgaben zu Inhalt oder Form irgendwelcher Urkunden. Insofern könnte man sie auch elektronisch ausstellen. Idealerweise setzt die Rechtsanwaltskammer ein qualifiziertes elektronisches Siegel (Art. 3 Nr. 27 eIDAS-VO) ein.

124 Gleichwohl spielt die Zulassungsurkunde im Zulassungsverfahren eine große Rolle, weil die Zulassung erst mit Aushändigung einer von der Rechtsanwaltskammer ausgestellten Urkunde wirksam wird (§ 12 Abs. 1 BRAO). Die Aushändigung hat folglich konstitutive Bedeutung für die Zulassung. Auch wenn der Zulassungsbewerber identifiziert und vereidigt wurde, ist er noch nicht zur Rechtsanwaltschaft zugelassen, solange er keine Urkunde ausgehändigt bekommen hat.

125 Eine „Aushändigung" bedeutet nicht zwingend die persönliche Übergabe vor Ort von „Hand zu Hand". Die Zulassungsurkunde ist auch dann ausgehändigt, wenn sie auf andere Weise mit Wissen und Wollen der Rechtsanwaltskammer zum Bewerber gelangt und dieser sie vorbehaltlos entgegennimmt. Entsprechend ist nach Auffassung der Literatur für die Aushändigung auch die Übersendung per Post ausreichend.[282] Insbesondere bei zuzulassenden Syndikusrechtsanwälten wird die Zulassungsurkunde regelmäßig per Post versendet, sofern bereits eine Zulassung als niedergelassener Rechtsanwalt besteht und sich eine Identifizierung und Vereidigung erübrigt. Konsequent weitergedacht stehen dann auch einer rein elektronischen Übersendung keine Bedenken gegenüber, solange die zuzulassende Person durch Empfangsbescheinigung bestätigt

---

280 Vgl. etwa § 105 VwGO iVm § 163 Abs. 1 ZPO.

281 Vgl. www.rechtsanwaltsregister.org (Stand: 31.12.2023).

282 BeckOK BRAO/Jähne, BRAO § 12 Rn. 4; Weyland/Vossebürger, BRAO § 12 Rn. 6; Henssler/Prütting/Henssler, BRAO § 12 Rn. 5.

hat, die Zulassungsurkunde erhalten zu haben.[283] Jedenfalls kann aus der Vorgabe, eine Urkunde auszuhändigen, nicht geschlossen werden, dass die digitale Form der Urkunde damit ausgeschlossen ist.[284]

Die Urkunde darf erst ausgehändigt werden, wenn der Bewerber **126**
vereidigt ist (§ 12 Abs. 2 S. 1 BRAO). Bei einer online durchgeführten Vereidigung kann dem Zulassungsbewerber mangels Anwesenheit die Urkunde aber nicht im Vereidigungstermin ausgehändigt werden, wie es derzeit die Praxis ist. Vielmehr müsste ihm die Urkunde nach dem Vereidigungstermin zugestellt werden. Soll dies elektronisch geschehen, scheidet eine Übersendung an das beA aus. Denn das beA erhält der Zulassungsbewerber erst mit der Zulassung, die er mangels Erhalts der Urkunde aber noch nicht hat. Angesichts des nicht schutzbedürftigen Inhalts der Zulassungsurkunde kommt aber auch eine Übersendung per einfacher E-Mail in Betracht, sofern die zuzulassende Person zuvor eine E-Mail-Adresse hierfür benannt hat. Der Erhalt müsste dann per Empfangsbestätigung bestätigt werden, was aber in diesen einvernehmlichen Fällen kein Problem darstellen sollte.

IV. Akteneinsicht durch Mitglieder

Die Mitglieder der Rechtsanwaltskammern haben das Recht, die über **127**
sie geführten Akten einzusehen (§ 58 Abs. 2 S. 1 BRAO). Die weitaus meisten Rechtsanwaltskammern führen bereits elektronische Akten. Bei einer elektronischen Aktenführung ist der Inhalt elektronisch oder durch Ausdrucke zugänglich zu machen (§ 58 Abs. 2 S. 3 BRAO). Die Art und Weise der Akteneinsicht ist bewusst technologieoffen gehalten.[285] Nach § 8 EGovG können die Rechtsanwaltskammern die Akteneinsicht dadurch gewähren, dass sie einen Aktenausdruck zur Verfügung stellen, die elektronischen Dokumente auf einem Bildschirm wiedergeben, elektronische Dokumente übermitteln oder den elektronischen Zugriff auf den Inhalt der Akten gestatten.[286] Die Entscheidung darüber liegt bei der

---

[283] So auch im Beamtenrecht: Battis BBG/Battis, BBG § 10 Rn. 1, 3 und 5.

[284] In Bezug auf das Beamtenrecht: Schoch/Schneider/Hornung, VwVfG § 3a Rn. 70.

[285] Entwurf eines Gesetzes zur Modernisierung des notariellen Berufsrechts und zur Änderung weiterer Vorschriften vom 19.2.2021, BT-Dr. 19/26828, 202.

[286] Ähnlich – allerdings ohne die Möglichkeit einer Wiedergabe auf einem Bildschirm – die Gesetzesbegründung zu § 58 Abs. 2 S. 3 BRAO: Danach könne die Akteneinsicht unter Beachtung der datenschutzrechtlichen Vorgaben zum Beispiel durch die Übermittlung elektronischer Kopien (insbesondere über das besondere elektronische Anwaltspostfach), die Zurverfügungstellung der Inhalte auf einem Datenträger, die Einrichtung eines Akteneinsichtsportals oder die Übersendung von Ausdrucken erfolgen – vgl. BT-Dr. 19/26828, 202 f. – aA AGH Hamm 24.11.2017 – 1 AGH 30/17, NJW-RR 2018, 127, wonach eine Rechtsan-

Rechtsanwaltskammer; besondere Wünsche ihrer Mitglieder sollte sie jedoch nach Möglichkeit berücksichtigen.[287] Der für die Rechtsanwaltskammern einfachste Weg der Akteneinsicht ist die Übermittlung einer elektronischen Kopie über das beA. Das Recht auf Akteneinsicht umfasst allerdings auch die internen elektronischen Aktenvermerke und Verfügungen im Dokumentenmanagementsystem, ohne die der Aktenverlauf häufig nicht zu verstehen ist.[288] Sollten diese elektronischen Verfügungen gar nicht oder nicht ohne größeren Aufwand zusammen mit dem dazugehörigen Dokument exportierbar sein, bleibt nur die Wiedergabe auf einem Bildschirm in der Geschäftsstelle, es sei denn, das Mitglied ist mit der Akteneinsicht ohne Sichtung der Verfügungen einverstanden. Hierauf ist das Mitglied nach dem Akteneinsichtsgesuch hinzuweisen. Das Akteneinsichtsrecht gilt bis zum Abschluss des Verwaltungsverfahrens nicht für Entwürfe zu Entscheidungen sowie die Arbeiten zu ihrer unmittelbaren Vorbereitung (§ 32 BRAO iVm § 29 Abs. 1 S. 2 VwVfG).[289]

---

waltskammer das Akteneinsichtsgesuch in ihre elektronisch geführten Akten grundsätzlich nicht dadurch erfüllen könne, indem sie dem Rechtsanwalt die elektronischen Akten bzw. Aktenbestandteile ausdruckt und (ausschließlich) in Papierform zugänglich macht, da das Akteneinsichtsrecht auch dazu diene, dass sich der Rechtsanwalt physische Gewissheit von der über ihn geführten Personalakte verschaffen kann.

[287] BT-Dr. 19/26828, 202 f.

[288] So im Ergebnis auch BeckOK VwVfG/Herrmann, VwVfG § 29 Rn. 9.

[289] Im Übrigen sind im Verwaltungsrecht auch die Entwürfe und Arbeitsunterlagen vom Akteneinsichtsrecht erfasst, vgl. Schoch/Schneider/Schneider, VwVfG § 29 Rn. 26.

§ 6 Virtuelle Kammerversammlung

Die Kammerversammlung ist das oberste Organ der Rechtsanwaltskammer[290] und für alle Angelegenheiten der Rechtsanwaltskammer zuständig, sofern diese nicht speziell dem Vorstand (§ 73 BRAO) oder dem Präsidium (§ 79 ff. BRAO) zugeordnet sind.[291] Sie findet mindestens einmal jährlich statt.[292] An der Kammerversammlung können alle Mitglieder der Rechtsanwaltskammer teilnehmen. In ihr äußern sie ihren Willen in Form von Wahlen und Beschlüssen.[293] 128

Die Kammerversammlung findet klassischerweise in Präsenz statt.[294] Leider sind die Teilnehmerzahlen durchweg nur sehr niedrig.[295] Eine Abhaltung der Kammerversammlung in virtueller Form würde nicht nur der voranschreitenden Digitalisierung Rechnung tragen, sondern könnte möglicherweise auch dazu führen, die Teilnehmerzahlen zu steigern.[296] Virtuelle Kammerversammlungen könnten bei den Mitgliedern den organisatorischen und zeitlichen Aufwand für eine Teilnahme erheblich reduzieren, da jeder aus dem Büro oder dem Homeoffice teilnehmen könnte. Zudem dürfte dies die nachwachsende Mitgliedschaft verstärkt ansprechen, die sich bislang eher seltener auf den Kammerversammlun- 129

---

290 BeckOK BRAO/Diem, BRAO § 89 Rn. 2; Weyland/Weyland, BRAO § 89 Rn. 1; Henssler/Prütting/Hartung, BRAO § 85 Rn. 2.

291 BeckOK BRAO/Diem, BRAO § 89 Rn. 2 ff.; Gaier/Wolf/Göcken/Lauda, BRAO § 89, Rn. 1.

292 Das ist in der BRAO zwar nicht ausdrücklich geregelt, ergibt sich aber aus der Pflicht des Vorstandes, der Kammerversammlung über die Verwaltung des Vermögens jährlich Rechnung zu legen (§ 73 Abs. 2 Nr. 7 BRAO).

293 BT-Dr. 3/120, 90.

294 Während der Covid-Pandemie wurde den Kammern befristet bis zum 30.6.2022 gestattet, dass die Kammerversammlung auch ohne Versammlung der Mitglieder Beschlüsse im Wege der schriftlichen Abstimmung fassen und Wahlen im Wege der Briefwahl oder als elektronische Wahl durchführen kann, vgl. § 2 Abs. 3 Covid-19-Gesetz zur Funktionsfähigkeit der Kammern – COV19FKG vom 10.7.2020 (BGBl. I 1643), zul. geänd. durch G v. 10.12.2021 (BGBl. I 5162). Die Umstellung auf eine rein virtuelle Kammerversammlung während der Pandemie wurde vom Gesetzgeber als nicht erforderlich für die Sicherstellung der Handlungsfähigkeit der Kammern erachtet, vgl. BT-Drs. 19/20718, 23.

295 Nach Henssler/Prütting/Hartung, BRAO § 88 Rn. 6, nehmen durchschnittlich nicht mehr als drei bis fünf Prozent der Mitglieder an der Kammerversammlung teil.

296 So konnte bei den virtuell abgehaltenen Hauptversammlungen von Aktiengesellschaften in vielen Fällen eine Steigerung der Teilnehmerzahlen festgestellt werden, vgl. BT-Drs. 20/1738, 1 und 14.

gen blicken lassen und für die der Einsatz digitaler Medien selbstverständlich ist.

130 Zuzugeben ist aber auch, dass sich Präsenzversammlungen und virtuelle Versammlungen in qualitativer Hinsicht erheblich unterscheiden. Bei Präsenzversammlungen ist die Diskussionskultur eine andere; durch Körpersprache, Mimik und Gestik kann man seinem Wortbeitrag einen anderen Einschlag geben als es virtuell möglich ist. Auch besteht in Präsenz eine leichtere Möglichkeit der Verständigung der Mitglieder untereinander.[297] Diese Vor- und Nachteile müssen bei der Entscheidung über eine virtuelle Abhaltung der Kammerversammlung gegeneinander abgewogen werden. Nachfolgend soll es nur darum gehen, nach der derzeitigen gesetzlichen Ausgestaltung die Kammerversammlung auf die Tauglichkeit zur Digitalisierung zu überprüfen.

I. Zulässigkeit

1. Ausgangssituation

131 In der BRAO gibt es derzeit noch keinerlei Regelungen zu einer virtuellen Durchführung der Kammerversammlung,[298] somit aber auch kein ausdrückliches Verbot einer solchen Versammlungsform. Auch aus dem Begriff „Versammlung“ kann man nicht zwingend schließen, dass es sich dabei um eine physische Zusammenkunft von Personen handeln müsse.[299] Der Sinn und Zweck der Kammerversammlung, der Willensbildung der versammelten Mitglieder zu dienen und den Aufgabenkatalog des § 89 BRAO zu erfüllen, steht einer virtuellen Form nicht entgegen, sofern gewährleistet ist, dass der Austausch zwischen allen Teilnehmenden und die Abstimmungen über Beschlussvorschläge zuverlässig möglich sind. Es ist zu gewährleisten, dass die konkrete Ausgestaltung der Kommunikation eine vergleichbare Teilnahme der

---

[297] Zu allem Wicke, DStR 2022, 498 (499 f.).

[298] Allerdings gibt es bereits einen Gesetzentwurf zur Regelung hybrider und virtueller Versammlungen u. a. in der Bundesrechtsanwaltsordnung vom 6.10.2023, BT-Dr. 20/8674.

[299] Vgl. BGH 5.10.2021 – II ZB 7/21, Rn. 17: „Nach herkömmlichem Verständnis dürfte mit dem Begriff der Versammlung zwar in erster Linie die körperliche Zusammenkunft der Teilnehmer gemeint sein. Aufgrund der Entwicklung der modernen Kommunikationstechniken können darunter nach allgemeinem Sprachgebrauch aber auch Zusammenkünfte beispielsweise in Telefon- und Videokonferenzen gefasst werden, wenn eine Erörterung des Beschlussgegenstands gewährleistet ist.“ Auch in dem § 109 HGB nF, der ab dem 1.1.2024 gilt, fallen ausweislich der Gesetzesbegründung unter „Versammlung“ wie selbstverständlich auch Telefon- und Videokonferenzen, vgl. BT-Drs. 19/27635, 226. Offenbar aA Schmaus, npoR 2022, 131 (132), der vom Begriff „Versammlung“ kein virtuelles Zusammentreffen erfasst sieht.

Kammermitglieder und eine Durchführung wie bei einer Präsenzveranstaltung ermöglicht.[300]

Die BRAO geht gleichwohl offenbar von einer Präsenzsitzung aus,[301] 132
wenn auch sie diese nicht ausdrücklich vorschreibt.[302] Vielmehr ergibt sich dies mittelbar aus § 85 Abs. 3 BRAO, wonach die Kammerversammlung, sofern die Geschäftsordnung der Kammer nichts anderes bestimmt, am Sitz der Rechtsanwaltskammer stattfinden soll. Der Gesetzgeber wollte mit dieser Regelung lediglich eine örtliche Eingrenzung für die als selbstverständlich vorausgesetzte Präsenzsitzung vornehmen. Denn bei Schaffung dieser Norm im Jahre 1959 war eine Versammlung anders als in Präsenz nicht vorstellbar.[303]

2. Rechtsgrundlage

Auch wenn es ausdrücklich weder ein gesetzliches Gebot der Präsenz- 133
sitzung noch ein Verbot der virtuellen Form gibt, kann der Vorstand oder der Präsident nach derzeitiger Rechtslage die Durchführung der Kammerversammlung in virtueller Form nicht einfach beschließen. Eine solche wesentliche Frage, ob die Kammerversammlung als oberstes Organ der Rechtsanwaltskammer in Präsenz und/oder virtuell abgehalten wird, kann als Grundsatzfrage nur von der Kammerversammlung im Rahmen ihrer Satzungsautonomie (§ 89 Abs. 2 Nr. 1 BRAO) selbst entschieden werden.[304] Denn dies hat zugleich Auswirkungen darauf, unter welchen Bedingungen die Mitglieder der Rechtsanwaltskammer ihre Mitgliedschaftsrechte ausüben können. Ohne eine solche von der Kammerversammlung abgeleitete Entscheidung wäre eine virtuelle Abhaltung auch ohne ausdrücklich gesetzliches Verbot rechtswidrig. Das Mitgliedschaftsrecht der Rechtsanwälte auf Teilnahme ist ohne anderslautende Regelungen im Grundsatz darauf gerichtet, durch physische Anwesenheit an der Kammerversammlung partizipieren zu können.[305]

---

[300] BGH, 5.10.2021 – II ZB 7/21, Rn. 19.

[301] So im Ergebnis auch die Begründung zum Entwurf eines Gesetzes zur Sicherstellung der Funktionsfähigkeit der Kammern während der COVID-19-Pandemie, BT-Drs. 19/20718, 23.

[302] Der § 86a Abs. 1 BRAO-E geht ausdrücklich von dem Grundsatz aus, dass die Kammerversammlung in Präsenz aller Beteiligten am Ort der Versammlung stattfindet, vgl. BT-Drs. 20/8674, 10.

[303] Bei Inkrafttreten der BRAO im Jahre 1959 gab es bereits die fast wortgleiche Regelung im damaligen § 98 Abs. 3 BRAO aF.

[304] So auch die Begründung des Gesetzentwurfes zur Regelung hybrider und virtueller Versammlungen u. a. in der Bundesrechtsanwaltsordnung vom 6.10.2023, BT-Dr. 20/8674, 34 f.

[305] Bezogen auf Versammlungen bei Genossenschaften so im Ergebnis auch Wicke, DStR 2022, 498 (500).

134 Die Entscheidung für die Zulässigkeit einer virtuellen Kammerversammlung bedarf daher einer Grundlage in der Geschäftsordnung, über welche die Kammerversammlung zu beschließen hat (§89 Abs.2 Nr.1 BRAO).[306] Dies korrespondiert auch mit dem Erfordernis, in der Geschäftsordnung den Ort der Kammerversammlung bestimmen zu können (§85 Abs.3 BRAO) und die Voraussetzungen, unter denen die Kammerversammlung beschlussfähig ist, regeln zu müssen (§88 Abs.1 BRAO). Damit wäre sichergestellt, dass die Mitglieder der Kammer die grundlegende Entscheidung für eine virtuelle Versammlung selbst treffen.[307]

135 Zugleich sollte der Gesetzgeber eine ausdrückliche Ermächtigung in die BRAO aufnehmen, um jegliche Zweifel an der Möglichkeit einer virtuellen Kammerversammlung und der Wirksamkeit der dort gefassten Beschlüsse zu beseitigen.[308] So könnte in der BRAO beispielsweise geregelt werden, dass die Geschäftsordnung vorsehen oder den Kammervorstand dazu ermächtigen kann, vorzusehen, dass die Kammerversammlung ohne physische Präsenz der Mitglieder am Ort der Kammerversammlung abgehalten wird (virtuelle Hauptversammlung).[309] Damit würde die BRAO weiterhin von dem Grundsatz einer Präsenzsitzung ausgehen und der Kammerversammlung bzw. dem Kammervorstand die Möglichkeit geben, die Möglichkeit der virtuellen Versammlung zu wählen (Opt-In).[310]

136 Eine Notwendigkeit, die Bestimmung in der Geschäftsordnung über die virtuelle Kammerversammlung gesetzlich zu befristen, ist nicht ersichtlich.[311] Die Struktur der Kammermitglieder wird sich in der Zeit

---

306 Bezogen auf virtuelle Hauptversammlungen bei Aktiengesellschaften und dem Erfordernis einer Regelung in der Gesellschaftssatzung, BT-Drs. 20/1738, 15. – So auch der §86a Abs.2 BRAO-E, vgl. BT-Drs. 20/8674, 10.

307 Bezogen auf virtuelle Hauptversammlungen bei Aktiengesellschaften und den Aktionären, BT-Drs. 20/1738, 23.

308 So kamen im Genossenschaftsrecht Zweifel auf, ob ein Verschmelzungsbeschluss einer Genossenschaft in einer virtuellen Versammlung gegen das Versammlungserfordernis des §13 Abs.1 S.2 UmwG verstößt, was der BGH im Ergebnis verneinte, vgl. BGH 5.10.2021 – II ZB 7/21, Rn. 19. – Der Gesetzentwurf zur Regelung hybrider und virtueller Versammlungen u. a. in der Bundesrechtsanwaltsordnung vom 6.10.2023 sieht in §86a Abs.2 BRAO-E eine solche gesetzliche Ermächtigung vor, vgl. BT-Dr. 20/8674, 10.

309 In Anlehnung an §118a Abs.1 S.1 AktG.

310 Bezogen auf §118a AktG vgl. BT-Drs. 20/1738, 23.

311 Im Aktienrecht muss die Bestimmung bzw. Ermächtigung des Vorstandes in der Satzung zur Abhaltung virtueller Hauptversammlungen befristet sein und kann für einen Zeitraum von längstens fünf Jahren erteilt werden (§118a Abs.3 und 4 AktG). So soll dafür gesorgt werden, dass die Entscheidung für die virtuelle Hauptversammlung in regelmäßigen Abständen eine neue Legitimation erfährt und dadurch gestärkt wird, BT-Drs. 20/1738, 27. – Der Gesetzentwurf zur Regelung hybrider und virtueller Versammlungen u. a. in der Bundesrechts-

einer Befristung nicht so sehr verändern, als dass sie sich an frühere Beschlüsse nicht mehr gebunden fühlt.[312] Auch das Argument, dass die Kammermitglieder zur Entscheidung gelangen könnten, keine virtuellen Kammerversammlungen mehr abhalten zu wollen, ist kein Grund für eine Befristung.[313] Möchte die Kammerversammlung keine virtuellen Versammlungen mehr abhalten, kann sie die Geschäftsordnung mit der entsprechend erforderlichen Mehrheit wieder ändern. Insofern sollte die BRAO keine Regelungen zur zeitlichen Befristung treffen.

Eine virtuelle Kammerversammlung benachteiligt in der heutigen 137
Zeit auch nicht jene Mitglieder unangemessen, die weniger technikaffin sind. Angesichts der Verbreitung der Zugangsmöglichkeiten zum Internet kann man nicht mehr von einer unüberwindbaren Hürde für die Teilnehmer an einer virtuellen Kammerversammlung sprechen.[314] Die Mitglieder der Rechtsanwaltskammer unterliegen bereits jetzt schon auch in anderen Bereichen einer Digitalisierungspflicht, so beispielsweise bei der Nutzung des elektronischen Rechtsverkehrs (zB § 130d ZPO oder § 55d VwGO) oder bei der passiven Nutzungspflicht des beA (§ 31a Abs. 6 BRAO). In Gerichtsverfahren finden zunehmend Verhandlungen im Wege der Videoübertragung statt (§ 128a ZPO oder § 102a VwGO).[315] Deshalb ist eine „Härtefallklausel" für Kammermitglieder, die keinen Computer besitzen oder aufgrund ihres Alters geringere oder gar keine IT-Kenntnisse haben, nicht erforderlich, weil davon ausgegangen werden kann, dass die Mitglieder mit der erforderlichen Technik ausgestattet sind und damit umgehen können.[316] Dies dürfte inzwischen zu den erforderlichen sachlichen, personellen und organisatorischen Voraussetzungen einer Kanzlei gehören, zu deren Einhaltung die Mitglieder berufsrechtlich verpflichtet sind (§ 27 Abs. 1 BRAO, § 5 BORA).

3. Hybride Kammerversammlung

Neben der rein virtuellen Kammerversammlung wäre auch eine hybride 138
Veranstaltungsform denkbar, also eine Präsenzveranstaltung mit gleich-

---

anwaltsordnung vom 6.10.2023, BT-Dr. 20/8674, sieht richtigerweise eine solche Befristung nicht vor.

[312] Vgl. zu diesem Argument BT-Drs. 20/1738, 27.

[313] Bezogen auf das Aktienrecht BT-Drs. 20/1738, 27.

[314] So auch in Bezug auf die virtuelle Hauptversammlung bei Aktiengesellschaften BT-Drs. 20/1738, 14.

[315] Vgl. auch den Entwurf eines Gesetzes zur Förderung des Einsatzes von Videokonferenztechnik in der Zivilgerichtsbarkeit und den Fachgerichtsbarkeiten vom 23.8.2023, BT-Drs. 20/8095, mit dem die Möglichkeiten des Einsatzes von Videokonferenztechnik in den Verfahrensordnungen erweitert werden sollen.

[316] So der Bundesgerichtshof in Bezug auf die Anfechtung einer elektronischen Wahl zur Satzungsversammlung, vgl. BGH 30.5.2022 – AnwZ (Brfg) 47/21.

zeitiger Zuschaltung von Mitgliedern per Videokonferenz.[317] Deren Zulässigkeit richtet sich hinsichtlich des virtuellen Teils nach den gleichen vorgenannten Grundsätzen, eine entsprechende Ermächtigungsnorm (auch) für die hybride Form müsste in die BRAO aufgenommen werden.[318] Aus der Möglichkeit, virtuelle Versammlungen abzuhalten, kann nicht geschlossen werden, dass auch die hybride Form zulässig ist. Denn die Abhaltung einer hybriden Veranstaltung unterscheidet sich von der virtuellen hinsichtlich des Aufwandes und des Ablaufes erheblich; die Entscheidung zur Abhaltung einer hybriden Kammerversammlung sollte wohlüberlegt sein. Sie erhöht die Komplexität der Vorbereitungen und steigert erheblich die Kosten, weil gleich zwei Veranstaltungsformen (in Präsenz und virtuell) organisiert und vorgehalten werden müssen.[319] Zudem drohen Informationsdefizite zwischen den anwesenden und den per Video zugeschalteten Mitgliedern, weil die einen nicht vollständig mitbekommen könnten, was die anderen sagen.[320] Auch die Versammlungsleitung dürfte schwieriger werden, wenn Wortbeiträge und Willensäußerungen sowohl vor Ort als auch virtuell zu beachten sind. Mit einer hybriden Form bringt man zwei gegensätzliche Formate zusammen, der Mehrwert ist nicht erkennbar. Das dürfte auch nicht im Interesse der Kammermitglieder sein.

4. Exkurs: Livestream

139 Fraglich ist, ob ein öffentlicher, frei zugänglicher Livestream für jedermann von der Kammerversammlung zulässig ist, zB übertragen auf der Homepage der Rechtsanwaltskammer oder in öffentlichen Internetforen. Dies könnte insbesondere ergänzend zu einer Präsenzsitzung interessant für Mitglieder sein, die sich nicht aktiv in die Versammlung einbringen möchten, sich aber informieren wollen (zB über die Kandidaten für die Vorstandswahlen, die sich auf der Kammerversammlung präsentieren).

140 Üblicherweise sehen die Geschäftsordnungen der Kammern eine nichtöffentliche Kammerversammlung vor.[321] Die BRAO selbst schreibt

---

[317] So können die Hauptversammlungen von Aktiengesellschaften nach den §§ 118, 118a AktG mittlerweile im Präsenzformat, als hybride Versammlung oder als rein virtuelle Hauptversammlung abgehalten werden, BT-Drs. 20/1738, 15.

[318] Vgl. etwa die Formulierung in § 118 Abs. 1 S. 2 AktG. – So auch § 86a Abs. 2 BRAO-E, wonach die Geschäftsordnung vorsehen kann, dass die Kammerversammlung auch in Präsenz und gleichzeitig online (hybride Kammerversammlung) oder ausschließlich online (virtuelle Kammerversammlung) stattfinden kann, vgl. BT-Drs. 20/8674, 10.

[319] BT-Drs. 20/1738, 16.

[320] BT-Drs. 20/1738, 16.

[321] Vgl. etwa § 2 Abs. 2 S. 1 der GeschäftsO der Hanseatischen Rechtsanwaltskammer Hamburg – URL: https://www.rak-hamburg.de/f/3eb1d45b37.pdf oder § 4 Abs. 3 der GeschäftsO der Rechtsanwaltskammer für den Bezirk

das aber nicht vor. Beinhaltet die Geschäftsordnung der Kammer keine Regelung, ist aber gleichwohl im Grundsatz von einer Nichtöffentlichkeit der Kammerversammlung auszugehen.[322] Dies ergibt sich aus der Stellung der Kammerversammlung als oberstes Organ der Rechtsanwaltskammer. In ihr sind die Mitglieder der Kammer berechtigt, aber auch verpflichtet, den Aufgabenkatalog des § 89 BRAO wahrzunehmen.[323] Für die Kammermitglieder besteht daher ein schutzwürdiges Interesse darin, fremden Einfluss von der Kammerversammlung fernzuhalten und einen ungestörten Ablauf der Versammlung zu erleben.[324]

Aufgrund ihrer Satzungsautonomie kann die Kammerversamm- **141**
lung aber entweder per Beschluss im Einzelfall oder generell durch eine entsprechende Regelung in der Geschäftsordnung die Teilnahme der Öffentlichkeit gestatten. Dann wäre auch ein öffentlicher Livestream ohne Zugangsbeschränkungen zulässig.

Sollte der Livestream ergänzend zu einer virtuellen Kammerver- **142**
sammlung ausgestrahlt werden, ist zu gewährleisten, dass die Mitgliedschaftsrechte (insbesondere Antragsrecht und Stimmrecht) nur von Kammermitgliedern geltend gemacht werden können. Technisch könnte man dies so ausgestalten, dass die Mitgliedschaftsrechte nur nach vorheriger Eingabe einer individuellen PIN (entweder auf der Plattform des Livestreams oder parallel über eine spezielle Plattform nur für Kammermitglieder)[325] ausgeübt werden können.

II. Einberufung

Die Kammerversammlung ist mindestens zwei Wochen vorher durch **143**
schriftliche Einladung (§ 86 S. 1 BRAO) von dem Präsidenten (§ 85 Abs. 1 BRAO) einzuberufen. Auch bei Verwendung des Verbs „schriftlich“ ist im öffentlichen Recht nicht zwingend die (strenge) Schriftform anzu-

---

des Oberlandesgerichts München – URL: https://www.rak-muenchen.de/fileadmin/downloads/04_RAKMuenchen/Aufgaben_der_Kammer/Satzungen/RAK_Muenchen_Geschaeftsordnung_Stand_20230101.pdf (jeweils Stand: 31.12.2023).

[322] So ohne Begründung BeckOK BRAO/Diem, BRAO § 88 Rn. 10; Weyland/Weyland, BRAO § 88 Rn. 20. Ebenso Isele, BRAO, § 88, IV. A. 2, mit der Begründung, dass der Grundsatz der Nichtöffentlichkeit grundsätzlich für jede Institution gelte. – In Bezug auf Hauptversammlungen von Aktiengesellschaften BeckOGK/Hoffmann, AktG § 118 Rn. 39.

[323] Henssler/Prütting/Hartung, BRAO § 89 Rn. 3.

[324] Bezogen auf die Versammlung der Wohnungseigentümergemeinschaft, bei der es auch an einer gesetzlichen Regelung zur Öffentlichkeit der Sitzung fehlt: OLG Hamm 13.10.1989 – 15 W 314/89, OLGZ 1990, 57; im Ergebnis ebenso BGH 29.1.1993 – V ZB 24/92, NJW 1993, 1329.

[325] Zu denken wäre hier an ein Log-In mit der beA-Karte über das beA-Portal unter https://www.bea-brak.de (Stand: 31.12.2023).

nehmen, vielmehr ergibt sich erst aus der Auslegung der Norm, wie die Begriffe zu verstehen sind.[326] Vorliegend dürfte unter „schriftliche Einladung" nicht die Schriftform zu verstehen sein,[327] denn der Gesetzgeber wird wohl kaum gewollt haben, dass der Präsident einer Kammer mit mehreren tausend Mitgliedern[328] alle Einladungen händisch unterzeichnet. Zudem ließ die Regelung bis in das Jahr 2021 als Alternative zur schriftlichen Einladung auch eine – nicht schriftformadäquate – Einberufung „durch öffentliche Einladung in den Blättern (...), die durch die Geschäftsordnung der Kammer bestimmt sind" zu. Es ist auch kein Grund ersichtlich, welche Funktion eine Schriftform bei der Einladung erfüllen sollte. Insofern kann die Vorgabe der schriftlichen Einladung nur in Abgrenzung zu einer mündlichen Erklärung gemeint sein. Gleichwohl wäre es hilfreich, wenn der Gesetzgeber klarstellend die schriftliche Einladung durch eine „Einladung in Textform" ersetzen würde.

144 Ungeachtet dessen würde eine Schriftform bei einem Großteil der Mitglieder, die ein beA besitzen, aufgrund der Schriftformersetzung durch einen beA-Versand nach § 37 BRAO kein Problem darstellen. Es gibt allerdings Mitglieder, die kein eigenes beA besitzen. Dabei handelt es sich um nichtanwaltliche Mitglieder von Geschäftsführungs- und Aufsichtsorganen von bei der Kammer zugelassenen Berufsausübungsgesellschaften (§ 60 Abs. 2 Nr. 3 BRAO).[329] Da von diesen Mitgliedern auch nicht immer E-Mail-Adressen bekannt sind, müssen sie derzeit noch postalisch in Textform eingeladen werden. Eine Lösung wäre, diese Mitglieder zwar persönlich in einem gesonderten Anschreiben zu adressieren, dieses Anschreiben dann aber an das beA ihrer Berufsausübungsgesellschaften elektronisch zu übersenden. Dazu müsste es aber eine entsprechende beA-Verteilerliste für die Rechtsanwaltskammer geben, denn eine händische Auswahl wäre zu aufwändig.

145 In der Praxis wird in der Einladung bei Präsenzversammlungen immer auch der Ort der Kammerversammlung angegeben, auch wenn dies nicht gesetzlich vorgeschrieben ist.[330] Bei einer virtuellen Versammlung entsprechen die Einwahldaten dem Ort der Kammerversammlung.

---

[326] Allgemein: Schoch/Schneider/Hornung, VwVfG § 3a Rn. 62; Stelkens/Bonk/Sachs/Schmitz/Prell, VwVfG § 3a Rn. 17, 17a.

[327] So auch schon Isele, BRAO, § 86, II. A. 2,

[328] Die Hanseatische Rechtsanwaltskammer Hamburg hat 11.762 Mitglieder (Stand: 31.12.2023).

[329] Da diese keinen eigenen Eintrag in die Verzeichnisse der Rechtsanwaltskammern (§ 31 BRAO) erhalten, wird für diese Mitglieder auch kein beA nach § 31a BRAO eingerichtet. Die Anzahl dieser Mitglieder beläuft sich bei der Hanseatischen Rechtsanwaltskammer Hamburg auf etwa 150 Personen (Stand: 31.12.2023).

[330] Anders bei der Einberufung der Hauptversammlung von Aktiengesellschaften, vgl. § 121 Abs. 3 Satz 1 AktG.

Es empfiehlt sich daher, in der Einladung auch anzugeben, wie sich die Mitglieder elektronisch zur Kammerversammlung zuschalten können. Es sollte angegeben werden, wann, wie und wo die Zuschaltung möglich ist. Anzugeben wären regelmäßig die Internetadresse sowie die Zugangsdaten.[331]

146 Bei einer rein virtuellen Kammerversammlung sollte zudem in der Einladung darauf hingewiesen werden, dass eine physische Präsenz bei der Kammerversammlung ausgeschlossen ist.[332] Dadurch wird verhindert, dass sich Kammermitglieder an den Versammlungsort oder zur Kammergeschäftsstelle begeben.[333]

III. Wahlen und Beschlüsse

147 Der § 88 BRAO macht Vorgaben zu den Wahlen und Beschlüssen der Kammerversammlung. Anders als früher haben die Wahlen in der Kammerversammlung keine größere Bedeutung mehr, da der Vorstand nunmehr per Briefwahl bzw. elektronischer Wahl und nicht mehr in der Kammerversammlung gewählt wird (§ 64 Abs. 1 S. 1 und 3 BRAO).[334] Die Regelungen zu den Wahlen der Kammerversammlung könnten lediglich noch die Rechnungsprüfer betreffen, sofern dies die Geschäftsordnung vorsieht.[335] Die Regelung hat daher vor allem Bedeutung für Beschlüsse, die in der Kammerversammlung zu fassen sind.

148 Die Mitglieder können ihr Wahl- oder Stimmrecht in der Kammerversammlung nur persönlich ausüben (§ 88 Abs. 2 BRAO). Die BRAO besagt nicht, inwiefern dies auch elektronisch geschehen kann. Nach dem Wortlaut der Norm könnte – je nach technischer Ausgestaltung – eine „persönliche“ Stimmabgabe auch elektronisch möglich sein. Es ist

---

331 Bezogen auf die virtuelle Hauptversammlung bei Aktiengesellschaften, BT-Drs. 20/1738, 28. – Der Gesetzentwurf zur Regelung hybrider und virtueller Versammlungen u. a. in der Bundesrechtsanwaltsordnung vom 6.10.2023 schreibt in § 86a Abs. 3 Satz 1 Nr. 1 BRAO-E vor, dass bei hybriden oder virtuellen Kammerversammlungen in der Einberufung angegeben werden muss, wie sich die Mitglieder online zur Versammlung zuschalten können, vgl. BT-Dr. 20/8674, 10.

332 Dies schreibt der Gesetzentwurf zur Regelung hybrider und virtueller Versammlungen u. a. in der Bundesrechtsanwaltsordnung vom 6.10.2023 in § 86a Abs. 3 Satz 2 BRAO-E auch ausdrücklich vor, vgl. BT-Dr. 20/8674, 10.

333 Bezogen auf die virtuelle Hauptversammlung bei Aktiengesellschaften, BT-Drs. 20/1738, 28.

334 Zwar sieht § 64 Abs. 1 S. 2 BRAO vor, dass bei einer Briefwahl die Stimmen auch in der Kammerversammlung abgegeben werden können. Dann würden die abzugebenden Wahlzettel lediglich in eine in der Kammerversammlung aufgestellte Wahlurne eingeworfen werden; dies würde aber keine Wahl in der Kammerversammlung darstellen, vgl. Henssler/Prütting/Hartung, BRAO § 64 Rn. 6.

335 BT-Drs. 19/20718, 23.

aber davon auszugehen, dass die BRAO die Anwesenheit verlangt und eine elektronische Stimmabgabe unzulässig ist.[336] Insofern sollte der Gesetzgeber bei der Regelung der virtuellen Kammerversammlung auch ausdrücklich gestatten, dass die Stimmrechtausübung der Mitglieder im Wege elektronischer Kommunikation, namentlich über elektronische Teilnahme oder elektronische Briefwahl, möglich ist.[337]

149 Bei der elektronischen Stimmabgabe ist sicherzustellen, dass zum einen nur Mitglieder das Stimmrecht ausüben und zum anderen mehrfache Stimmabgaben desselben Mitglieds nicht möglich sind.[338] Dies lässt sich mit Hilfe von Zugangscodes (PIN) lösen, welche die Mitglieder über das beA für die Teilnahme bei der virtuellen Kammerversammlung erhalten.[339] Der Zugangscode gewährleistet, dass sich nur eine Person damit einloggen und auch nur diese Person einmal bei den Beschlussanträgen jeweils abstimmen kann.

150 Der Zugangscode kann allerdings nicht die Authentizität gewährleisten; damit ist also noch nicht sichergestellt, dass sich auch tatsächlich das Mitglied anmeldet und nicht eine andere Person, die in den Besitz des Zugangscodes gelangt ist. Dieses Szenario ist allerdings auch bei der klassischen, postalischen Briefwahl nicht ausgeschlossen, wenn die Wahlunterlagen von unberechtigten Personen genutzt werden. Selbstverständlich sind die Adressaten der Einladung zur Kammerversammlung daraufhin zu verpflichten, die Einladung vertraulich zu behandeln und den Zugangscode geheim zu halten. Wenn gleichwohl die Teilnahme unbefugter Personen auf Mitgliedsseite durch leichtfertigen Umgang mit oder durch Missbrauch von Zugangscodes erfolgt, liegt dies außerhalb der Verantwortung der Rechtsanwaltskammer.[340] Wünschenswert wäre eine technische Ausgestaltung des Konferenzsystem in der Gestalt, dass nur ein Zugang mit beA-Karte möglich ist. Denn die beA-Karte dürfen Rechtsanwälte keiner anderen Person überlassen (§26 Abs. 1 RAVPV). Damit wäre die Authentizität weitgehend gewährleistet. Möglich könnte dies über eine Log-In-Lösung mit der beA-Karte über das beA-Portal sein.[341]

---

[336] Ähnlich BT-Drs. 19/20718, 23.

[337] Vgl. die entsprechende Regelung in §118a Abs. 1 S. 2 Nr. 2 AktG. – Der Gesetzentwurf zur Regelung hybrider und virtueller Versammlungen u.a. in der Bundesrechtsanwaltsordnung vom 6.10.2023 setzt in §86a Abs. 3 S. 1 Nr. 3 BRAO-E die Möglichkeit der elektronischen Stimmabgabe voraus und gestattet sie damit zugleich, vgl. BT-Dr. 20/8674, 10.

[338] So zur elektronischen Stimmabgabe auf der Hauptversammlung bei der Aktiengesellschaft MüKoAktG/Kubis, AktG §118 Rn. 19.

[339] Ähnlich MüKoAktG/Kubis, AktG §118 Rn. 19.

[340] Bezogen auf die virtuelle Hauptversammlung bei Aktiengesellschaften MüKoAktG/Kubis, AktG §118 Rn. 93.

[341] Vgl. https://www.bea-brak.de/beaportal/ (Stand: 31.12.2023).

IV. Sonstige Mindestanforderungen

Die BRAO macht keine weiteren förmlichen Vorgaben zur Kammerversammlung. Gleichwohl sind bei einer virtuellen Kammerversammlung bestimmte Standards zu beachten, die auch vom Gesetzgeber vorgegeben werden sollten. Dabei müssen die Kammermitglieder ihre Rechte in der virtuellen Kammerversammlung genauso wie in der Präsenzversammlung wahrnehmen können.[342] Die virtuelle Versammlung darf keine Notlösung und keine „Versammlung zweiter Klasse“ sein.[343] Zugleich sollten die gesetzlichen Regelungen aber möglichst wenig regeln und nicht in die Details gehen, damit sie dynamisch und technikoffen angelegt sind. **151**

1. Anwesenheit des Präsidiums

In der BRAO ist nicht geregelt, wer seitens des Vorstandes an der Kammerversammlung teilzunehmen hat. Üblicherweise soll nach den Geschäftsordnungen der Präsident den Vorsitz der Kammerversammlung führen und im Falle der Verhinderung durch ein Mitglied des Präsidiums vertreten werden.[344] Bei einer virtueller Kammerversammlung empfiehlt sich, dass die Präsidiumsmitglieder physisch an einem gemeinsamen Ort (zB Kammergeschäftsstelle) teilnehmen[345], damit sie für die Kammermitglieder in ihrer hervorgehobenen Rolle wahrnehmbar sind. Insofern wäre die virtuelle Kammerversammlung nicht durchgehend virtuell in dem Sinne, dass sich niemand mehr an einem Ort physisch trifft.[346] Diese Vorgabe sollte aber nur als „Soll“-Vorschrift ausgestaltet werden, um hiervon in begründeten Fällen abweichen zu können (zB pandemiebedingt).[347] **152**

---

342 Bezogen auf die virtuelle Hauptversammlung bei Aktiengesellschaften, BT-Drs. 20/1738, 14. – Entsprechend schreibt der Gesetzentwurf zur Regelung hybrider und virtueller Versammlungen u. a. in der Bundesrechtsanwaltsordnung vom 6.10.2023 in § 86a Abs. 3 Satz 1 Nr. 4 BRAO-E vor, dass die Rechte der Mitglieder nach der BRAO und nach der Geschäftsordnung der Kammer gewahrt werden müssen, vgl. BT-Dr. 20/8674, 10.

343 BT-Drs. 20/1738, 22.

344 Vgl. etwa § 4 Abs. 1 der GeschäftsO der Hanseatischen Rechtsanwaltskammer Hamburg – URL: https://www.rak-hamburg.de/f/3eb1d45b37.pdf oder § 7 Abs. 2 der GeschäftsO der Rechtsanwaltskammer für den Bezirk des Oberlandesgerichts München – URL: https://www.rak-muenchen.de/fileadmin/downloads/04_RAKMuenchen/Aufgaben_der_Kammer/Satzungen/RAK_Muenchen_Geschaeftsordnung_Stand_20230101.pdf (jeweils Stand: 31.12.2023).

345 Vgl. ähnlich die Regelung in § 118a Abs. 2 S. 1 AktG.

346 Zur virtuellen Hauptversammlung BT-Drs. 20/1738, 26.

347 Eine solche Regelung fehlt in dem Gesetzentwurf zur Regelung hybrider und virtueller Versammlungen u. a. in der Bundesrechtsanwaltsordnung vom 6.10.2023 völlig, vgl. BT-Dr. 20/8674.

2. Vollständige Bild- und Tonübertragung

153 Die gesamte Kammerversammlung ist in Bild und Ton zu übertragen.[348] Dies ist die elementare Voraussetzung für die gleichwertige virtuelle Teilnahmemöglichkeit im Vergleich zur Präsenzsitzung. Insbesondere alle Wortbeiträge, Anträge und Abstimmungen müssen übertragen werden. Es ist aber nicht erforderlich, dass bei der Übertragung die teilnehmenden Kammermitglieder füreinander sichtbar sind.[349] Die Wahl des Dienstleisters für die Bild- und Tonübertragung ist den Kammern überlassen. Die Kammermitglieder haben keinen Anspruch auf ein von ihnen bevorzugtes System.

3. Möglichkeit der Interaktion

154 Den Kammermitgliedern sind alle Rechte, die in der Kammerversammlung selbst zu gewährleisten sind, auch bei der virtuellen Kammerversammlung zu ermöglichen. Neben den bereits erwähnten Stimmrechten bei Wahlen und Beschlüssen (→ Rn. 147ff.) sind das Rechte, die sich aus den Aufgaben der Kammerversammlung (§ 89 BRAO) ergeben. In der Praxis erfolgt diese Rechtewahrnehmung durch ein Rederecht der Kammermitglieder. Gesetzlich muss daher die Möglichkeit einer Interaktion vorgeschrieben werden.[350] Hierzu muss den Mitgliedern eine Zwei-Wege-Direktverbindung zur Verfügung gestellt werden, damit eine visuelle und akustische Interaktion zwischen dem vor Ort anwesenden Präsidium und dem einzelnen Kammermitglied entstehen kann. Nur so kann das zentrale Element des Dialogs in Form der direkten Ansprache bewahrt sowie das freie und spontane Rederecht auch in der virtuellen Kammerversammlung gewährleistet werden.[351] Eine reine Chatfunktion im Textfeld der Plattform oder die Möglichkeit einer E-Mail an die Rechtsanwaltskammer ist nicht ausreichend. Es ist eine direkte elektronische Zuschaltung über Video zu ermöglichen, über die das Kammermitglied auch sprechen kann.[352] Nur so kann eine Debatte

---

[348] Vgl. § 118a Abs. 1 S. 2 Nr. 1 AktG. – Dies schreibt der Gesetzentwurf zur Regelung hybrider und virtueller Versammlungen u. a. in der Bundesrechtsanwaltsordnung vom 6.10.2023 in § 86a Abs. 3 Satz 1 Nr. 2 BRAO-E auch vor, vgl. BT-Dr. 20/8674, 10.

[349] BT-Drs. 20/1738, 24.

[350] Erstaunlicherweise fehlt in dem Gesetzentwurf zur Regelung hybrider und virtueller Versammlungen u. a. in der Bundesrechtsanwaltsordnung vom 6.10.2023 eine solche Regelung völlig, vgl. BT-Dr. 20/8674, 10. Andererseits findet sich in der Begründung ein Hinweis, dass die Kammermitglieder in der Übertragung nur sichtbar sein müssen, wenn sie ihr Rederecht wahrnehmen (S. 35). Offensichtlich geht der Gesetzgeber wie selbstverständlich von einer Interaktion aus.

[351] BT-Drs. 20/1738, 32.

[352] BT-Drs. 20/1738, 32.

entstehen. Keinesfalls darf die virtuelle Kammerversammlung zu einer statischen Veranstaltung geraten, bei der der Eindruck entsteht, dass der Verlauf und der Ausgang von vornherein feststehen.[353] Es empfiehlt sich der gesetzliche Hinweis, dass für das Rederecht die von der Kammer angebotene Form der Videokommunikation zu verwenden ist, um klarzustellen, dass kein Anspruch auf eine bestimmte Technik besteht.[354] Zudem sollte während der Kammerversammlung eine öffentliche Rednerliste mit Klarnamen elektronisch geführt werden, auf der sich die Kammermitglieder anmelden können.[355] Dies könnte einen geordneten Verlauf der Debatten unterstützen und es würde transparent machen, wer auf der Rednerliste steht.

V. Protokoll

Über die Beschlüsse und über die Ergebnisse von Wahlen ist ein Proto- **155**
koll aufzunehmen, das von dem Vorsitzenden und dem Schriftführer zu unterzeichnen ist (§ 88 Abs. 5 BRAO). Für das Protokoll ergeben sich bei der virtuellen Kammerversammlung im Grundsatz keine Unterschiede zur Präsenzversammlung.[356] Es sollte aber im Protokoll eingangs darauf hingewiesen werden, dass die Kammerversammlung virtuell stattfand und welche Übertragungsmedien genutzt wurden. Außerdem sind technische Störungen mit den genauen Uhrzeiten (Beginn/Ende) zu protokollieren.[357]

---

353 BT-Drs. 20/1738, 32.

354 Vgl. § 130a Abs. 5 S. 2 AktG.

355 Ähnlich BT-Drs. 20/1738, 32.

356 Zur digitalen Unterzeichnung eines Protokolls → Rn. 74 ff.

357 Soweit ersichtlich wurden aber die in 2020 und 2021 virtuell abgehaltenen Hauptversammlungen der Aktiengesellschaften hinsichtlich der Bild- und Tonübertragung störungsfrei abgehalten, vgl. BT-Drs. 20/1738, 16 und 24, was auch für virtuelle Kammerversammlungen zuversichtlich stimmt.

§ 7 Zusammenfassung

Die Geschäftsprozesse und Verfahren der Rechtsanwaltskammern werden bereits in vielen Bereichen digital abgebildet. Analoge bzw. hybride Formen lassen sich jedoch nicht überall vermeiden. Einer durchgängigen Digitalisierung ohne Medienbrüche stehen vielfach noch rechtliche Hindernisse entgegen. Der Gesetzgeber ist an verschiedenen Stellen gefordert, diese Hindernisse durch geeignete Regelungen zu beseitigen. 156

So treffen die Rechtsanwaltskammern außerhalb der BRAO verschiedene Verpflichtungen zur Schaffung digitaler Zugänge. Eine Pflicht zur Nutzung der digitalen Zugänge für die Mitglieder und Bürger besteht jedoch nicht. Hierzu bedürfte es einer gesetzlichen Regelung. Problematisch bei der digitalen Kommunikation ist die Authentizität der Dokumente. Hier wäre der Einsatz qualifizierter elektronischer Siegel wünschenswert. Bei der Kommunikation mit dem Bürger per einfacher E-Mail könnten zudem datenschutzrechtliche Probleme auftreten, wenn sensible Inhalte übermittelt werden. Zur Lösung dieses Problems könnten sich zukünftig die OZG-Benutzerkonten anbieten, sofern diese in das EGVP-System integriert werden und eine weite Verbreitung finden. 157

Der Einsatz künstlicher Intelligenz ist in automatisierten Verwaltungsverfahren der Rechtsanwaltskammer ohne Ermessens- oder Beurteilungsspielraum möglich. Zu denken ist etwa an die unbedenkliche Zulassung zur Rechtsanwaltschaft und den Widerruf wegen Verzichts oder fehlender Berufshaftpflichtversicherung. Hierfür bedürfte es allerdings noch einer gesetzlichen Grundlage, die auch geeignete Maßnahmen vorsieht, einschließlich der konkreten Information des Betroffenen und des Rechts, sich unmittelbar zu äußern, den eigenen Standpunkt darzulegen, die nach entsprechender Abwägung getroffene Entscheidung zu erläutern und die Entscheidung anzufechten. Künstliche Intelligenz kann auch zur Unterstützung in Form von Chatbots, Robotic Process Automation oder zur Entscheidungsvorbereitung eingesetzt werden. 158

Es bedarf einer gesetzlichen Regelung, um die Beschlussfassung des Vorstandes und seiner Abteilungen auch in Telefon- oder Videokonferenzen zu ermöglichen. Darin soll auch die Möglichkeit von hybriden Sitzungen zugelassen werden. Die Einzelheiten sind in der Geschäftsordnung des Vorstands zu regeln. Für die erforderliche Unterzeichnung von Vorstands- und Abteilungsprotokollen gilt der Schriftformersatz nach § 37 BRAO nicht. Stattdessen ist die Schriftform durch die Verwendung einer qualifizierten elektronischen Signatur zu ersetzen (§ 32 Abs. 1 S. 1 BRAO iVm § 3a Abs. 2 S. 1 und 2 VwVfG). Für die Beschlussfassung ohne 159

Versammlung sollte eine gesetzliche Regelung geschaffen werden, die eine rein digitale Beschlussfassung ausdrücklich zulässt. Auch hier wäre das Nähere in der Geschäftsordnung des Vorstandes zu regeln.

160 Für die förmliche Zustellung der Vorstandsbeschlüsse gegenüber Empfängern mit beA sollte eine gesetzliche Regelung geschaffen werden, die den Nachweis der Zustellung über das beA anhand des Übermittlungsprotokolls ermöglicht. Sofern die Beschlüsse des Vorstandes einer Schriftform bedürfen, kann diese durch den Versand über das beA ersetzt werden. Rein vorsorglich ist hierbei zudem die qeS des unterschreibenden Vorstandsmitgliedes einzusetzen. Weil dies aber unpraktikabel ist, sollte der Gesetzgeber für die Rechtsanwaltskammern den formwahrenden beA-Versand ohne qeS ermöglichen, solange die für die Rechtsanwaltskammern bestehenden Schriftformerfordernisse nicht abgeschafft werden. In Aufsichtsverfahren sollte aus datenschutzrechtlichen Gründen mit den Bürgern als Beschwerdeführer nicht per einfacher E-Mail-Verkehr kommuniziert werden.

161 Für die von den Rechtsanwaltskammern vor der Zulassung durchzuführenden Identifizierungen ist aus Gründen der mangelnden Zuverlässigkeit auf die herkömmliche Videoidentifizierung zu verzichten. Als Alternative ist eine Kombination von Videoidentifizierung und elektronischem Identitätsnachweis (eID), wie sie bei der notariellen Videobeurkundung möglich ist, vorzuziehen. Ist die Verlässlichkeit der Online-Identifizierung gewährleistet, bestehen keine Bedenken gegen eine anschließende Online-Vereidigung. Die Aushändigung der Urkunde, mit der die Zulassung wirksam wird und die erst nach der Vereidigung erfolgen darf, kann auch durch einfache Übersendung per E-Mail erfolgen, sofern der Antragsteller hierfür eine E-Mail-Adresse mitgeteilt hat und der Empfang durch eine Empfangsbekenntnis bestätigt wird.

162 Für die Durchführung einer virtuellen Kammerversammlung ist eine entsprechende Regelung in der Geschäftsordnung der Kammer erforderlich. Darüber hinaus sollte der Gesetzgeber eine ausdrückliche Ermächtigung hierzu in die BRAO aufnehmen. Von einer hybriden Kammerversammlung ist dagegen sowohl unter finanziellen als auch unter organisatorischen Gesichtspunkten abzuraten. Zudem drohen Informationsdefizite zwischen den physisch und virtuell teilnehmenden Mitgliedern in beide Richtungen. In der Einladung sind die Einwahldaten mitzuteilen und darauf hinzuweisen, dass eine physische Anwesenheit ausgeschlossen ist. Für die Beschlussfassung in der virtuellen Kammerversammlung sollte der Gesetzgeber ausdrücklich zulassen, dass die Stimmabgabe der Mitglieder auch im Wege elektronischer Kommunikation möglich ist. Während der virtuellen Kammerversammlung sollte das Präsidium an einem gemeinsamen Ort anwesend sein. Darüber hinaus ist eine vollständige Bild- und Tonübertragung mit einer direkten Zweiwegeverbindung zu gewährleisten.